# 自分で決める。

## すべてがうまくいく最強の力

権藤優希
Yuki Gondo

きずな出版

いま、あなたは大切な商談の席にいます。

「この企画、御社でやってもらえるかな?」

クライアントから、こう相談を受けました。

しかし、この案件に対する経験とノウハウは、
まだあなたにはありません。

こんなとき、次のAとB、どちらで答えますか？

A：「上の者に相談しますので、少しお時間をください」

B：「はい。できますので、ぜひ進めさせてください」

これからの時代でうまくいく人は、
間違いなく【B】と答える人です。

その理由を、本書で述べていきましょう。

## 自分で決めるための41の方法


01 相手に喜ばれることを考えながら、ゴールは自分で描いておく

02 1時間前行動をする

03 簡単なタスクからどんどん処理していく

04 ときにはハッタリもかましてみよう

05 社内に味方をつくり、数字を出して優位に立つ

06 「完全で遅い」よりも「不完全でも速い」を!

07 使えるものはすべて使って、セールスしていく

08 「自分のメリット」「相手のメリット」「世の中のメリット」の3つを意識する

09 話し始めは大きな声で、ハッキリと

10 断捨離によって、日常のルーティンの精度を高める

11 すぐやるか、タスク化するかを一瞬で判断する

12 一緒に働く人は、自分の基準を上げてくれる人を選ぶ
13 お礼を使いこなし、主導権を握る
14 無駄な時間を一切排除する
15 直接会う、手紙を使う
16 達成しやすいことから始めて、達成のリズムをつかむ
17 「欲しい結果に対して何が必要か」で判断する
18 即座に判断し、実行して、間違えたら改善していく
19 スイミーになる
20 自信はあとからついてくる。決めるのは「いま」だ
21 着地点を明確にする
22 専門家になれば、決断に自信が持てる

## 自分で決めるための41の方法

23 アンテナを張り、ネタを増やし、アウトプットせよ
24 逆風が怖ければ、誰かを参考にしてもいい
25 結果を決めて、リスクをとりにいけ
26 登る山を決めて、とにかく一度登りきってみる
27 「読書」と「出会い」で、視野を広げよ！
28 「やりたいか」ではなく「やる価値があるか」で判断する
29 仕組みをつくって、60日間継続し、習慣化する
30 「すべて自分が原因だ」と考える
31 「仕事」ではなく「志事」をしよう
32 一次感情に振り回されず、理性で考える
33 あなたの強みは何か。それを前面に出していこう

34 どこまでが自分の仕事か？　見る範囲を広げよう
35 ゴールは「自分のなかで最大限であるか」で決める
36 目指すものに対して、いまやっていることは効果的かを考える
37 確信を持って、可能性から選択していく
38 失敗が怖くなくなるくらい、たくさん失敗する
39 決められる自分になるために、いますぐできることを習慣にする
40 プラスの信念を蓄えて、自己の確信を拡張させる
41 受けた恩は、次の人へつないでいく

# 「自分で決められる人」だけが生き残る

「わかりました。上の者と相談します……」

会議や商談の場で大きな判断に迷ったとき、あなたも言ってしまったことはないでしょうか？　多くの人は自分で決めることができず、決断を先延ばしにしてしまいます。

「本当はその場で決めるほうが会議や商談が前に進むし、顧客にも喜ばれる。わかってはいるけど、即決断となると……」

確かに、その気持ちはわかります。

そこにあるのは、このような心の声です。

「自分の判断が正しいかどうか、自信がない」
「責任はとりたくない」
「言われたことだけをやっているほうが楽だ」
「間違った判断をして、まわりに迷惑をかけたくない」
「上司や会社がどうにかしてくれる」
「どうせ自分の意見は通らない」
「努力しても、正当に評価されたり、給料が上がるわけではない」

こういった会話が自分のなかで勝手になされ、決めることを阻む〝ストッパー〟となってしまっているのです。

逆に、

「わかりました。その企画やりましょう。上には私から話を通しておきます！」

こう言えたら、どんなに仕事が楽しくなることか、想像してみてください。

間違いなく生産性が上がり、まわりから頼りにされ、あらゆる環境が劇的に変わることでしょう。

では、このような心の声を変えていくことは、難しいのでしょうか？

いえ、それは自分次第で必ず変えられます。

自分で決めることができずにくすぶっている人もたくさんいれば、同じ日本、同じ会社、同じ上司という条件下でも仕事を進め、どんどん結果をつくっている人もいます。あなたも心のどこかで、そのことに気づいているはずです。

**ここで先に断言しておきますが、「決めることができる自分」になることは、誰にでも可能なのです。**

申し遅れました。権藤優希《ごんどうゆうき》と申します。

いきなり偉そうに語りましたが、私も振り返ってみると、自分で決めずに、たくさんの決断を先送りにしてきました。社会に出るまでの生き方を思い出してみても、親や先生に決めてもらったことばかりです。

大学卒業後、私はＮＥＣに入社し、営業を3年間経験しました。

入社当初、会議に出ても、まるで外国語が飛び交っているかのようで話についていけない……。議事録を書いてと言われてもうまく書けない……。とにかく、できないことだらけ。上司や顧客から叱られ、教えてもらうことばかりで、**「自分に何の価値があるのだろう」**と自信を失う時期もありました。

ただ、熱心に勉強して専門知識をつけ、上司に**「それでやってみろ」**と言われたり、顧客を唸らせたりする経験を積んでいくなかで、少しずつ自信をつけてきました。

入社3年目には大型案件を受注し、社内の賞をいただくまでになり、4年目に入ると会社を辞めて独立する決断をしました。

それまで、そんなに大きな決断をしたことがなかったので、独立時には親に泣かれ、まわりからも「よく考えろ。お前には無理だ」と非難や忠告を浴びることもありました。

起業して思ったことは、毎日が意思決定の連続だということです。

**一瞬一瞬の判断が命取りになるのに、決してほかの誰かが決断してくれるわけではない。つまり自分で決めるしかないのです。**

自分で決めた選択を正解にしていく練習をしながら、起業して10年、現在では法人２社を設立し、いくつもの事業を走らせる結果にまで至りました。

毎日ハードに働くなかで私が感じることは、「いま、時代は目まぐるしく変化している」ということです。

いまではどの店に行っても、当たり前のように外国人労働者であふれています。

今後、ＡＩ（人工知能）の急激な発展により、人間文明に計り知れない変化をもたらすと言われています。

「待ちの姿勢」では、どんどん仕事がなくなるのです。

そんななか、この時代に生き残っていける人とは、どんな人なのか？

どんな価値がある人が、これからの時代を切り拓いていくのか？

それはまぎれもなく、「自分で決めることができる人」です。そう、まさに冒頭のエピソードで【B】の答えを即決できる人のことです。

**でも、決してこれは〝何も考えずに勝手に決める〟ということではありません。**

**「自分で主導権を握る覚悟を持つ」ということです。**

覚悟を持って主導権を握り、自分で仕事を生み出し、結果に変えていく力こそ、いま求められています。いや、自分で決められる人だけが生き残る、と言っても大げさではないでしょう。


本書の目的は、あなたに「自分で決める生き方を身につけてもらうこと」です。

自分で決めることで、誰もが成長し、まわりから評価され、人が集まるようになります。

そのため、すぐに実践できる小さなスキルから、本質的な自己の拡張まで、あなたの役に立つであろうことだけを厳選し、書きました。

本書が、あなたの現状を劇的に変えるきっかけになると信じています。

それでは、準備はいいですか？

**「自分で決める」……これこそが、現代の最強の力です。**

決めることができない自分からの脱却を、スタートしましょう。

Contents

*Prologue* ——「自分で決められる人」だけが生き残る 014

Chapter 1

# 主導権はあなたが握れ


・たとえ相手の土俵でも、手綱はこちらが握る 030
・自分で決める〝量〟を増やす 034
・仕事に追われるな！　仕事を追え！ 038
・選ぶべきは白か黒。グレーという選択肢はない 042
・数字を出さなければ、意見なんて通らない 046
・不完全バンザイ！ 052
・あなたは、オモチャをどのように買ってもらっていましたか？ 058
・「三方良し」こそ最強である 062

Chapter 2

# 自分で決める人の習慣


・第一声にすべてを懸けろ 068
・モノを捨てると、余計な判断に迷わなくなる 072
・仕事は「3分以内にできるか否か」で判断する 078
・草野球レベルでプロを語るな 082
・お礼の連絡は、別れた瞬間に 086


Chapter 3

# 意思決定のスピードが、人としての魅力になる


・「時間は命だ」と思えるくらい偏ると、魅力が上がる 092

*Contents*

Chapter 4

# 圧倒的な差をつくる決断力の磨き方

・マメさを駆使して、プレミア感を出せ 096
・いいリズムを刻め 100
・提出物は1日以上前倒しが基本 104
・行動するために考えるのではなく、考えるために行動する 108
・同じレベルで意思決定できる仲間をつくる 112
・「状況が整うことはない」という感覚で生きる 118
・相手に決断させる最大のポイントとは？ 122
・ひとつの道に熱狂して、専門家になれ 126
・情報の収集家になれ 130

*Chapter*
*5*

# 自分の人生の主人公になれ


・八方美人は、いますぐやめなさい 134
・「For me」思考は、いますぐやめなさい 138
・自分で選んだ道は、自分で正解にする 142
・自分の人生は、自分で経営しなさい 148
・あなたにとって、緊急かつ重要なことは何か？ 152
・強制的にやらざるを得ない仕組みをつくる 156
・自分の未来に責任をとれ 160
・べつに起業したから自由なわけではない 164
・自分の管理下にないことで、一喜一憂しない 168
・「あとで頼もう」ではなく、即決断 172
・全体の利をとれ 176

# Last Chapter
# 現状不満は終わり。決められるあなたへ


・どこに向かって走っていますか？ 182
・「世界征服」が目的なのに、幼稚園のバスを襲うショッカー 186
・判断基準は「事情や過去」ではなく「可能性」にする 190
・不安のブレーキを外せば、自分で決められる 194
・私が毎朝、公衆電話ボックスで叫んでいた理由 198
・プラスの信念を蓄えると、決められる自分になる 202
・人生は「ペイ・フォワード」だと気づこう 206

Epilogue ――過去を活かし、学ぶことで、自分で決める人間になれ 210

# 自分で決める。

――すべてがうまくいく最強の力

# 主導権はあなたが握れ

# Chapter 1

*"To avoid criticism, do nothing, say nothing, and be nothing."*

他人に批判されたくないなら、
何もやらず何も言わなければよい。
しかし、それでは生きていないのと同じではないか。

――エルバート・ハバード（アメリカ・教育家／１８５６～１９１５）

# たとえ相手の土俵でも、手綱はこちらが握る

私がＮＥＣの営業で駆け出しだったころ、上司にこう言われたことがあります。

「いいか、こっちがしたい話ばかりではダメだ。まずはお客さまの話を聞くこと。お客さまに気持ちよく喋ってもらえ。ただ、主導権を握られっぱなしでは何も決まらないぞ」

最初は言っている意味がわかりませんでした。

笑顔で愛想よくしていれば、顧客に気持ちよく喋ってもらうことはできる。しかし、話が盛り上がって、いつ提案の話を切り出していいかわからない。

だからと言って、初っ端から提案の話を持っていくと、警戒され、心が開いていないので、何も決まらない。

**たくさんの商談をしていくなかでわかったことは、「人は、自分のペースで決めたい生き物である」ということです。**

逆に言うと営業に決められるから、クレームやクーリングオフは起こるのです。

顧客は営業の理由では買いません。自分の理由で買います。

だから、たくさん喋っていただくのです。

その上司に同行したときのこと。上司と顧客との商談を聞いた際、驚きました。

私には雑談をしているようにしか見えなかったのに、いつの間にか話はまとまり、大きな案件が決まっていくのです。

何が起こったのか、あとから上司に聞いてみたところ、

「なんだ、わからなかったのか。ただ雑談をしていたわけじゃないぞ。先方は何度も案件につながりそうな話をボソッと話していたじゃないか。お前が聞き漏らしているだけだ」

と言われました。

そこで学んだ大事なことは、こちらが「ゴールを描いているか」ということです。

あなたが、ルイ・ヴィトンのバッグを買おうと思って銀座に出かけると、ルイ・ヴィトンのバッグを持っている人ばかり目に留まるようになります。

**つまり、ゴールを描くことで、終始そこにアンテナを張ることになるため、欲しい情報**

**がたくさん入ってくるのです。**

逆に、話を聞いてほしい、理解してもらいたいと、「欲しい欲しい」「もらいたいもらいたい」ばかり思っている「For me」な営業マンは、相手の話を聞いているようで、じつはまったくの上の空。話なんか聞いていません。

「顧客に最高の決断をしてほしい」

「自社の商品が、顧客の問題解決にどう役に立てるのか」

このように、喜ばれる最善の提案は何かを考えていると、自然と相手の土俵で会話を広げながらも、こちら主導で提案やクロージングができるようになるのです。

自分で決める方法
01

## 相手に喜ばれることを考えながら、ゴールは自分で描いておく

# 自分で決める〝量〟を増やす

社会は急激に変化しています。と言うよりも、従来の日本の姿に戻り始めています。

本来、日本人は商売人の民族です。江戸時代は「士農工商」がありました。明治より前の時代では、会社員という働き方自体がありません。会社員が誕生したと言われているのは、20世紀初頭、１９２０年代のことです。

明治時代になって、西洋のビジネス、株式会社の概念が入り、雇用関係や契約関係が導入されたことで「勤務時間」というものが生まれました。

しかし、ここ最近では、本来の商売人の国・日本に戻るかのように、会社員という働き方自体が見直されており、個人事業やフリーランスとして働く人が増えています。

会社という看板で仕事をするだけではなく、個人の能力があれば稼げる時代がやってきているのです。副業解禁を企業に推進させていく動きも出ています。その背景にあるのは、インターネット、ＩｏＴ、ＡＩなどの技術革新によって〝誰でもできる仕事〟が、コンピュータや機械によっておこなえるようになってきていることにあります。

**誰でもできるような仕事を現在している人は、職を失う可能性が高いので、いまのうちから「意思決定をする仕事の仕方」ができる〝人財〟になっていく必要があります。**

ＡＩがもっとも苦手とするのは「未知のことへの判断」です。将棋やチェスといった、ルールの限られたフィールドであれば人間を超える判断ができますが、仕事における判断は、先見性、直感、社内政治などあらゆる要素が凝縮されたものです。そうしたマネジメントの判断は、当面の間ＡＩでは難しい領域でしょう。

逆に言うと、「判断」ではなく「調整」ばかりしている会社員は、たとえ管理職であっても不要であり、無力であるということです。

むしろ競争力やイノベーションを高めるためには、マイナスにさえなってしまいます。つまりプロローグで述べたように、言われたことをやるだけの時代は終わり、自分で決めていける人のみが生き残っていく時代が来るのです。

「自由と責任はワンセット」という言葉があります。会社でも、役職が上がれば上がるほど、部下がやったことへの責任もついてきます。しかし、そのぶん裁量も増え、自分で意思決定しやすくなります。

**主導権を握るためには〝自分で決める範囲と量を増やす〟ことです。**

自分で決める方法 02

# 1時間前行動をする

「電車の遅延で、遅刻してしまった」

これはおそらく、多くの方が経験したことがあるでしょう。

朝起きて、身支度をして、最寄り駅へ到着するまでは主導権を自分で握っていても、電車に乗ってしまえば主導権は電車に握られてしまいます。電車ではなく自家用ジェットに変えれば遅刻はしませんが、現実的ではありません。

**できるビジネスマンほど、1時間前行動を心がけています。**

そうすることで、トラブルに対応できる時間を持つ（＝主導権を握る）ことができるからです。電車が遅延しても、近くの線に乗り換えたり、徒歩に切り替えたりして、決して遅れることはありません。

1時間前行動というのは「自分で決める範囲と量を増やしている行為」なのです。

主導権を握る人生は自由です。逆に、主導権を握られる人生は不自由なのです。

# 仕事に追われるな！
# 仕事を追え！

「あの件、どうなってますか？」

「例の資料、いつできあがりますか？」

「折り返し電話ください。連絡待ってます」


このような会話を1日10回、浴びたらどうですか？

私なら「自分はなんて仕事ができないんだ」と、セルフイメージが下がります。

**私が仕事をするうえでこだわっていることは、ボールをすぐに相手に渡すことです。**

自分でボールが止まっていればいるほど、仕事は憂鬱になります。

「やらなきゃいけないとわかってはいるんですが、なかなか腰が重くて、モチベーションが上がらないんです」という相談を受けることがよくあります。

私から言わせてもらうと、気分が上がらなくても、簡単なボールからひとつずつ返していくことが大事です。

仕事に追われるのではなく、追いかけていくイメージです。

重い（時間や手間がかかる）タスクから取りかかってはダメです。

頭を使わなくてもできることから、やってください。

マラソンのオリンピック金メダリスト、高橋尚子さんの話です。

あの金メダリストでさえ、毎朝、練習前は「あー今日も練習か。イヤだな」と思うそうです。しかし、練習が終わるころには、「今日も練習してよかった。これでまた一歩、メダルに近づくことができた」と思うのだとか。

私は、この話に何度も救われました。

そう、最初からモチベーションの高い人なんかいないのです。

**人は、行動しているうちにモチベーションが上がるということです。**

また、メジャーリーグ・ヤンキースの田中将大投手は、こう話していました。

「自分の思ったところにコントロールができ、理想のピッチングができる日は、年間通じて1〜2試合あるかないか。残りの数十試合は自分のメンタルとの戦い。集中力を切らさずに、自分を管理下に置けないと、二桁勝利なんか到底できない」


プロの自己管理能力はすごいものです。

当然、私もいつもモチベーションが高いわけではありません。

しかし、仕事をこなしているうちに、必ずモチベーションは上がってくると自分に言い聞かせながら、仕事を開始するのです。タスクが増えても、どんどんボールを投げていれば、案外仕事は楽しくなるものです。

「**怠け者の足はのろまで、貧乏がすぐに追いついてしまう**」（ベンジャミン・フランクリン）という言葉があります。

追われるのではなく、自分から追いかける仕事をしましょう。

自分で決める方法
03

## 簡単なタスクからどんどん処理していく

選ぶべきは白か黒。
グレーという
選択肢はない

自分で決める人は、はっきりと言い切る人です。

モゴモゴしていることに、何のメリットもありません。いいのか悪いのか、できるのかできないのか、やるのかやらないのか、はっきり言える人が好まれます。

同じ「できません」でも、はっきり言い切られると清々しいものですし、モゴモゴ言われると、何か腹が立つものです。

たとえば仕事においては、できないことが悪いのではありません。

**大事なのは、目の前の顧客のニーズを満たすことです。**

いまの方法でできないと判明したら、そのことを正直に告げて、別の方法を提案してあげればいいのです。

「努力しましたが、私の力ではどうしてもできませんでした。ただ、代替案として〇〇はいかがでしょうか？」

このように答えると、誠意も伝わり、逆に評価が上がることがあります。

たまに、いいとも言っていなくて悪いとも言っていない、うまく言葉遊びをしながらごまかす人がいますが、そんなことばかりやっていても何の役にも立ちません。

状況によって有効なケースもあるかもしれませんが、ほとんどの人の場合、ただクセになっていることが多いのです。「言い訳」「すり抜け」「ごまかし」は、人としてもっともやってはいけないことです。


**ただ、仕事で経験を積んでいくなかで、直感で「できる」と言い切って、あとから方法を考えることはよくあります。いわゆるハッタリです。**


あとから方法を考える……というのは無責任だと思うかもしれません。

しかし経験を積んでいくと、その直感の7～8割は的中するものです（もちろん、間違っていると判断した場合には、正直に謝ります）。

ある脳科学の先生の講演を聞いた際、「直感で思うことはだいたい正しい」と話していました。あとでどれだけじっくり考えても結論は8割同じで、時間の無駄らしいのです。

私は△をつくりません。○か×だけです。

×でも、ほかに方法はないかを考え、最大限相手に寄り添うことのほうが、できないことをごまかすよりもよほど大事なことなのです。

**×は、その場では問題に直面するかもしれませんが、対処法を学ぶと○に変わります。△は、その場では問題の直面を逃れることができるかもしれませんが、○には一生変わりません。**

したがって、△の答えを出す人は、×よりも成功しにくいと言えるのです。

「できない」「わからない」も、その後の対応次第では信頼につながります。「検討します」「相談します」を封印し、決める生き方を選択しましょう。

自分で決める方法 04

## ときにはハッタリもかましてみよう

# 数字を出さなければ、意見なんて通らない

「数字さえつくっていれば、もっと自信を持って決めていけるのに……」

誰もが一度は思ったことがあるのではないでしょうか。自分で決めることができないのは、極論、数字をつくっていないからと言えるでしょう。

会社は売上を上げて、利益を確保するから生きていけます。

この世は、数字をつくってなんぼの世界です。

私も入社1年目の、まだ数字をつくれていないとき、何を言っても相手にされない、何も言い返せないという時期がありました。

一方で、勤務態度は決していいとは言えない、偉そうな先輩社員がいたのですが、彼はいつも大きな数字をつくっていました。

数字をつくっているというだけで、彼には誰も何も言いません。

**むしろ彼が会議で発言すると、どんどん意見が通っていくのです。**

これを見て私が思ったことは、当たり前ですが「数字をつくれば、ある程度自由にできるんだな」ということでした。

それからというもの「とにかく早く数字をつくって、うるさい連中を黙らせよう！」という一心で仕事をしていました。

しかし、数字をつくろうと思っても、それが容易ではないから悩むのです。この本を読んで、いきなり魔法がかかり、明日から仕事でバリバリ数字がつくれるようになるわけでもありません。

では、どうすれば会社で数字をつくれるようになるか？

私の経験をふまえて説明します。

ＮＥＣ時代、営業としての初受注は、入社1年目に成約した8000万円の案件でした。社内でも稀に見る大きな受注だったので、事業部長からも全社に速報メールを流してもらい、たくさんの方から祝福の言葉をいただきました。

結果だけ見れば偉業を成し遂げたように見えますが、じつは私がこだわったのは、たったひとつだけでした。

**それは「多くの人を味方につける」ということだけです。**

仕事とはコーディネート業です。顧客とだけ関係を築いてもうまくいきません。営業という立場なら、システム部、現調工事、経理部、法務部、営業事務など、それぞれの部署の人にどれだけ可愛がられるか、応援されるか、要は自分のために動いてくれるかが大事なのです。

余談ですが、会社を辞めて10年になるいまも、当時の営業事務だったおばさまに、「元気でやってるの？　たまには顔を出してね」と言われるくらいです。

**さて、ここでのポイントは、相手の自己重要感を満たすことです。**

「○○さんはいつも嫌な顔ひとつせずに仕事を受けてくれるので、とても仕事が頼みやすいです。本当はたくさんの案件を抱えていらっしゃるのに、すごいです。私も学ぶことだらけです。いつも本当に、ありがとうございます」

仕事ぶりを（上から目線にならないように）褒めて〝私はあなたの仕事ぶりを理解している〟と認めてあげるのです。

人には、3つの「たい」があると言われています。

**「褒められたい」「認められたい」「お役に立ちたい」です。**

これをうまく利用するのです。

**そして、最後の「いつも本当に、ありがとうございます」という言葉は、強力なクロージングになります。**

たとえば、お店などでトイレに入ると、「いつもきれいにご利用いただき、ありがとうございます」と書いてあります。このひと言だけで、あなたも「きれいに使わなければ」とクロージングされます。「トイレを汚さないようにしてください」と書いてあるのとでは、感情的な面で与える印象が違ってきます。

ほかにも、

「今回も最高の講演をありがとうございました。いやー、とても感動しました。来月も楽しみにしています！」

こう言われると、次回はもっとがんばらなければ、とクロージングされます。

「ありがとう」は、クロージングなのです。

実際に初受注後、社内で格段と意見が通りやすくなり、少しずつ私の発言にも一目置いてもらえるようになりました。

仕事がしやすくなれば、成果は加速します。

大事なことは、まずはどんな形でも数字をつくって、優位に立つことなのです。

自分で決める方法 05

## 社内に味方をつくり、数字を出して優位に立つ

# 不完全バンザイ！

以前、こんな話を聞いたことがあります。

日本人に「あなたは英語を話せますか?」と尋ねると、かなりの数の人が、「いや、私は英語なんて話せるほどのレベルじゃないです。英語で話すなんて、絶対に無理です」というような答え方をします。

逆に外国人に「あなたは日本語を話せますか?」と尋ねると、かなりの数の人が、「少しだったら日本語話せますよ。スシー、テンプラー、コニチワー」などと言って、知っている日本語の単語を並べます。

日本人の大半は、中学校や高校で英語の授業を受けているから、少なくとも100〜200語ぐらいの英単語はわかるはず。しかし、「英語はまったく話せない」と言う人が多いのです。

**それに比べて、外国人は「スシ」と「テンプラ」と「コニチワー」しか知らなくても「日本語は少し話せる」と言います。**

この違いは、国民性の違いだとか、大陸と島国の違いだとか、狩猟民族と農耕民族の違いだとか、諸説あります。

しかし、ここではその理由はとりあえず脇へ置いて、「完全発表主義」と「不完全発表主義」ということについて書いていきます。

「完全発表主義」というのは、完全で完璧でなければ「私はできる」とは言えないという考え方。「不完全発表主義」というのは、完全で完璧ではない完成度であっても「私はちょっとできる」と言える考え方です。

「仕事の結果」においては、「不完全な仕事」より「完全な仕事」のほうが、はるかに価値が高いのは、当たり前です。

**しかし、「仕事の進め方」においては「完全発表主義」よりも「不完全発表主義」のほうが、高い価値を生み出すと、私は思います。**

「不完全のうちの発表」は、「完全に達しての発表」よりも、得るものが大きいのです。

その〝得るもの〟のうち最大のものが「時間」です。

たとえば、「いまつくっている企画書、ちょっと見せてくれる？」と決定権者から言われたときに、ダメな人ほど「いや、いまはまだ途中で、見せられるほどのものじゃないんですよ……」などと言って、完成してから見せようとします。つまり、完全になってからでないと発表できない、と思い込んでいるのです。

逆に、仕事ができる人ほど「いまはまだ途中で、ここまでしか見せられないんですが……」と言って、できあがっている部分までを見せます。つまり、不完全なまま見せるということです。

完全ではなく途中までの段階で見せれば、方向性が間違っていることをほかの人が気づけば、その時点で方向の修正を指摘することができます。

また、進捗《しんちょく》状況も把握できるので、作業が遅れていることがわかれば、そこから助っ人を投入することもできます。

完全にならなければ見せることができない人は、できあがったあとに「これ、ダメだね」と言われたら、また最初から始めなければなりません。

さらに、ほかの人に進捗状況が共有されず、いつまでも「もう少しです」「もうちょっとで完成します」と言うだけで、一人で企画を抱え込んだまま動かないのです。

**「完全発表主義」の人は、周囲の時間を殺していきます。**

**「不完全発表主義」の人は、周囲の時間をつくります。**

つまり「不完全発表主義」とは、無駄な時間をつくることを阻止し、周囲の時間をより有効に活かすのです。

「完全発表主義」の人間は、「もっと完璧にしてから」「もっとよくしてから」という意識で、いかにも「高みを目指している」と勘違いしがちなのですが、実際には時間を思いっきり無駄に過ごしています。

「泳げるようになってから、泳ぎを披露しますよ」と言っているようなものです。

**不完全なうちから「これだけしか泳げないんですけど」と披露しておけば、早い段階から「こうしたらもっとよく泳げますよ」という情報が入るし、「一緒に泳いであげますよ」という人も出てきます。**

しかし「泳げるようになってから披露します」と言う人は、泳げないまま時間だけが経っていくか、もしくは泳げるようになっても、フォームが間違っていたり、自分が完全だと思っていたレベルはすごく低いことがわかったり……。結局また余分な時間が必要になってしまうわけです。

つまり、「完全発表主義」は単なる自己満足であって、仕事の進め方のレベルでは最低クラスだということです。仕事において何よりも大切な「時間」を殺すので、最低な仕事の進め方と言わざるを得ないのです。

「不完全発表主義」こそ、時間を生み出す仕事の進め方です。「完全発表主義」から、いますぐ脱却しましょう。

自分で決める方法
06

## 「完全で遅い」よりも「不完全でも速い」を！

あなたは、オモチャをどのように買ってもらっていましたか？

自分で決めることができない人は、心のなかでこうつぶやいています。

「どうせ自分の意見なんか、通りやしない」

相手の年齢や役職が自分よりも上であるほど、そう思うことは多いのかもしれません。

しかし、本当にそうなのでしょうか？

**じつは、幼稚園児でも、小学生でも、大人と闘って自分の意見を通すことは可能です。**

たとえば、どうしても買ってもらいたいオモチャがあるにもかかわらず、お父さんは絶対ダメだと主張していたとします。

あなたならこんなとき、どうしますか？

駄々をこねてみたり、泣きじゃくってみたり、怒って暴れてみたり、もしくは、もう少し安い値段のオモチャを希望してみたり。私も幼いころ試した経験があります。子どもは子どもなりにセールスするものなのです。

そのなかでも、もっとも効果的なことは「おじいちゃんを使って、お父さんを説得する」でしょう。この方法を試したことがある人は多いのではないでしょうか。

**自分では歯向かえない難しそうな相手に対しては、その相手が言うことを聞きそうな人に打診して、根回しするのです。**

もっと言うと、おじいちゃんを完全に味方につけてしまえば、もはやお父さんにオモチャをねだる必要もなくなります。

仕事においてもそうです。

決して、自分の力だけで決めていくわけではありません。

**どうしても自分の意見を押し通したいのであれば、使えるものすべて使って、決めていけばいいのです。**

自分で抱え込む必要はありません。

先回りし、あらかじめ打診し、根回しする。

この方法を覚えれば、誰でもいとも簡単に、自分の道筋に誘導できるものです。

できる人はみなコーディネート上手です。

赤ちゃんは、泣くことで大人にミルクをつくらせたり、おしめを換えさせたりと、大人にセールスをしてきます。

「セールスお断り」「セールスされるのは気分がよくない」などと言う人もいますが、私たちはセールスなしでは生きていけません。

**あなたも就職活動のとき、好意を持っている人にアプローチするとき、あらゆる場面でセールスをしています。決して営業マンだけがセールスをしているわけではないのです。**

人生はセールス。年齢や経験、役職に関係なく、いかに使えるリソースを使うセールス上手であるかが、自分で決めるためのポイントになるのです。

自分で決める方法
07

## 使えるものはすべて使って、セールスしていく

# 「三方良し」こそ最強である

先日、大尊敬する経営者の方に、こう言われました。

「権藤くんは状況判断力に非常に優れている。全体のバランスをとりながら、うまく舵とりをして、物事を前進させる力のある人だね」

非常に嬉しい言葉です。では、これはもともと私が持ち備えていた能力なのか？　と聞かれると、そうではありません。

じつは営業時代に、上司からこのようなことを学んだことがあります。

「顧客に提案する際は、必ず3つの観点からメリットがある提案をしろ。自社のメリット・顧客のメリット・世の中へのメリットだ」

これは〝三方良し〟という考え方です。

三方良しとは、「売り手良し」「買い手良し」「世間良し」の3つの「良し」という意味で、売り手と買い手がともに満足し、社会貢献もできるのがいい、という意味です。

**三方良しで提案すると、俄然、説得力が変わります。**

自社のメリットばかり考えている営業マンは信頼されませんし、顧客のメリットばかり提案するのも胡散臭いです。両方にメリットがあることが伝わり、かつ、それをやると社会貢献にもつながるとなると、相手も「ＹＥＳ」と言いたくなります。

また、こういう言葉があります。

## 「よき売り手は、よき買い手」

優秀なセールスマンほど、接客される側になっても丁寧な顧客になれます。

逆に、店員に偉そうに怒鳴りつけている顧客を見ると、仕事においては大したことないセールスマンなんだろうな、と思ってしまいます。優秀なセールスマンが接客されていると、どっちがお客さまなのか見分けがつかないくらいです。

ほかにも、よき先生はよき生徒であるし、よき師はよき弟子であるのです。

私は、人と話すときにも、この「三方良し」を応用します。

**自分の視点と相手からの視点、第三者からの視点はどうか？　というように、これを意識するだけで視野が広くなり、偏った見方や意見がなくなるのです。**

これは、ＴＰＯをわきまえるうえでも、非常に役に立つ考え方です。

いままでと少しアプローチを変えるだけで、主導権を自分で握ることができ、自分で決めていけるようになります。

これには習慣化が大事なのですが、それについては次の章で触れていきたいと思います。

自分で決める方法 08

## 「自分のメリット」「相手のメリット」「世の中のメリット」の3つを意識する

# 自分で決める人の習慣

# *Chapter 2*

*"Moral excellence comes about as a result of habit. We become just by doing just acts, temperate acts, brave by doing brave acts."*

優れた道徳心は習慣からしか生まれない。
私たちは、自分でつくった習慣のようにしかならないのだ。
節制している人は節度ある人となり、
勇気ある行動を続けている人は勇敢な人となる。

――アリストテレス(古代ギリシャ・哲学者／ＢＣ３８４～ＢＣ３２２)

# 第一声にすべてを懸けろ

あなたは、まわりにどんな人と言われることが多いですか?

そして、その印象はいつ、つくられていると思いますか?

深い仲になると変わることもありますが、ほとんどの場合、最初に会ったその瞬間につくられます。そう第一印象です。


私は、昨年の12月に左手首を骨折しました。

いまはもう完治して正常なのですが、そのころに通い始めたバーのマスターには、いまだにお店に行くと、「あ、骨折の権藤さん!」と言われます。

**人の第一印象は、3年続くと言われます。**

最初に会ったその日の印象で、あなたがどんな人なのかという「レッテル」が3年続くことになります。したがって、私はバーのマスターに「骨折の権藤」というレッテルを貼られたわけです。


では、第一印象をよくするためには、何をしたらいいのか?

それは、ハッキリ話すということです。

とくに私は、「第一声」で第一印象の8割は決まると思っています。

私の地声は決して大きくありません。むしろ、まわりには「いつも声が小さくて聞こえない、拡声器を用意しろ」などと言われます。よく言うと寡黙《かもく》、悪く言うと消極的頑固というところでしょうか。

しかし、商談の場になると、そんな私でも変わります。

必ず第一声にインパクトを持たせるからです。

**第一声を、大きな声ではっきり話し始めるだけで、「お、この人は仕事ができそうな人だな」となるのです。**

『ジャッジ!』という妻夫木聡さん主演の映画のなかで、妻夫木さんが〝ここぞ〟というときに必ず発していた、第一声があります。

「What I'm about to say is very important（私はこれから、とても大切なことを言います）」

すると、まわりは自然と彼に注目します。

この話のオチは〝このあとには、どんなにくだらないことを言っても、すごく大切なことのように聞こえる〟ということだったのですが、これは確かにスキルとして大事です。

第一声さえしっかりしていれば、なんとかなるものです。

逆に、絶対にやってはいけないことが、小さな声で、もごもごと話すことです。

**小さな声で、もごもごと話を始めた瞬間に、相手は聞く気が8割なくなると思ってください。もちろん、それでは商談も決まりません。**

第一印象をよくするための方法は、「一声」入魂なのです。

自分で決める方法
09

## 話し始めは大きな声で、ハッキリと

# モノを捨てると、余計な判断に迷わなくなる

突然ですが、あなたはモノをなくす人ですか？

携帯電話、家の鍵、財布、名刺入れ、メガネなど……これまでに、いろいろとモノを探してきたことでしょう。

私もよく忘れ物をしますし、モノをなくします。ちなみに立体駐車場が苦手で、何階のどのゾーンに車を停めたのか、毎回よくわからなくなります。

人が一生涯でモノを探すのに費やす時間がどれくらいか、ご存じでしょうか。

**答えは、約150日分だそうです。**

150日もあったら何ができるでしょう。

そう考えると、時間が非常にもったいないと思いませんか？

私は、モノを探す時間を減らすためにやっていることが、2つあります。

**1つめは「モノを捨てる」こと。**

**2つめは「置き場所を固定する」こと。**

自分で決める人は、あらゆるものを断捨離します。

整理されていて選択肢が少ないから、決断が早いということです。
とくに私が日ごろから断捨離を意識しているのが、次の4つです。

**(1) 洋服**
**(2) 家電製品**
**(3) 情報**
**(4) 人脈**

それぞれ、ポイントを見ていきましょう。

## (1)【洋服】

私がもっとも断捨離をするのが洋服です。とくに女性は、今日は何を着ようかということに多くの時間を費やすのではないでしょうか。

私はいつも自分のなかにルールをつくっています。

・1年間着なかった服は捨てる
・ひとつ買ったらひとつ捨てる

これに沿って洋服を捨てたり、友達にあげたりしています。

スティーブ・ジョブズが黒のタートルネックしか着なかったという話は有名です。

そこまでする必要はないかもしれませんが、洋服はいますぐ手をつけることができる断捨離アイテムのひとつなので、これを機に見直してみてください。

**(2)【家電製品】**

私は以前、こう教えていただいたことがあります。

「将来、住みたい家に引っ越しても必要だと思うモノだけ、残しておきなさい」

この基準はわかりやすかったです。

あなたが将来住みたい家、家族ができて一軒家を建てたとき、理想のオフィスを構えた際に、「これは持っていくだろうな」というモノだけ残すようにしましょう。

## （3）【情報】

Ｍａｃがフリーズしたときに、レインボーカーソル（虹色のくるくる）が出ます。

これはＰＣの容量が増えているだけではなくて、感覚的には自分の頭の容量も増えて、いっぱいいっぱいになっている証拠だと、私は捉えています。

定期的にスプレッドシートやドキュメントを見直し、使わなくなった情報は削除します。これでＰＣの容量だけでなく、頭のなかもスッキリし、容量もアップするのです。

## （4）【人脈】

最後によく断捨離するのが、人脈です。

これは友達の縁を切るという意味ではありません。

私は経営者でもありますので、人生限られた時間のなかで、誰に時間を費やすかを非常に重要視します。「重要パーソン」を自分のなかで決め、誰に会うかも優先順位をつけていくのです。

さて、いくつか断捨離の例を挙げてきましたが、どれも日々の生活のなかで少し工夫すればできることです。

さらに、2つめに挙げた「置き場所を固定する」ことで、探す時間は極端に減ります。

**有能なプロスポーツ選手になればなるほど、髭剃りや歯ブラシ、車のキーの位置などを固定化しているそうです。**

これは試合のために極限状態まで集中するのに、「あれ？　髭剃りはどこに置いたかな？」など、日常のルーティンにいちいち気をとられたくないからだ、と聞きました。

「部屋や鞄のなかと、心は同じ状態」「床面積と収入は比例する」と言いますが、いつも整理されているからこそ、決断に迷わないのです。

自分で決める方法

10

## 断捨離によって、日常のルーティンの精度を高める

# 仕事は「3分以内にできるか否か」で判断する

以前、仕事ができる人を見て、不思議に思ったことがあります。

たくさんの業務をこなしているにもかかわらず、対応のスピードが速く、うっかりミスやメールの確認漏れがないということです。

自分で決める人に欠かせないのが、このスピードです。

私は、メンターに「すぐやるか、すぐメモる」を徹底するように教えられてきました。

**基本はその場で即解決する。もしその場で解決できない場合は、メモしてタスク化し、期限を切って仕事をする、というやり方です。**

現在は無料アプリなどでも、便利なタスク管理ツールがありますので、常に一括して管理することで、抜けや漏れがなくなります。

私にとって「その場で解決できる仕事」とは、3分以内に処理できるもののことです。

それ以上かかりそうな場合はタスク化し、保存します。

このようにルール化することで、簡単なメールや他部門と連携を必要としない仕事は、ほとんどすべて処理できます。

そして、タスク化するときには必ず期限を切ります。

目標を追っている人にとって、作業に終わりはありません。

作業が毎日完結しているとするなら、それは作業量・負荷が足りていない証拠です。作業はあふれていて当然なのです。むしろ、そのなかでどう優先順位をつけて片づけていくかが、仕事ができるかできないかを分けると思っています。


**3分以上かかる仕事はタスク化し、期限を切るということは、その場で作業に優先順位をつけることができるということです。**

あなたもこのやり方で、自分に期限を切る仕事の習慣をつくることをおすすめします。


そして、期限を切ることで、自信がつくというメリットもあります。

自分で決めることができない人がよく言うセリフに、

「遠慮して、ビビッてしまい、言うべきことがなかなか言えない」

「拒絶されたり、NOと言われることが怖くて一歩踏み出せない」

といったものがあります。

これらは、言うべきことが言えなくてもいい状態や、一歩踏み出さなくてもいい状態をつくってしまっているから出る言葉です。

自信がついたから、言うべきことが言えるようになるのではありません。

能力が上がったから、一歩踏み出せるようになるのでもありません。

**期限を切るから、話を前に進めようと頭をフル回転させ、こだわりが生まれます。その結果、ビビりや拒絶の恐怖を克服し、言うべきことが言えるようになったり、一歩踏み出せるようになるのです。**

すぐやるか、すぐメモる。そして期限を切る。

誰でも実践できることですので、試してみてください。

自分で決める方法 11

## すぐやるか、タスク化するかを一瞬で判断する

# 草野球レベルでプロを語るな

自分で決める人になるためには「基準を上げる」ということが大切になります。**自分のなかでレベルのスタンダードが上がることで、大きな決断で怖くなることが少なくなるためです。**

ここからは、そのように基準を上げるために「働く環境を選んでいく」ということを考えてみましょう。

一緒に働く人によって、あなたの仕事もモチベーションも大きく変化します。

高校時代、部活後の楽しみが、みんなでコンビニに集まって「おごジャン」をすることでした。「おごジャン」とは、10人くらいでジャンケンをして、負けた人が勝った全員に100円ずつ、パンやアイスをおごるゲームです。

総額すると私は完全に損をしていたのですが、大騒ぎしながらみんなと食べるアイスやカップラーメンが、本当に美味しかったのをよく覚えています。

逆に、社会人になって、気の合わない上司との食事やお客さまとの接待などにおいては、いくら高級なものを食べていても、美味しく感じません。

つまり、「何を食べるかではなく、誰と食べるか」が大事であると言えます。

これと同様に、仕事も「何をやるかではなく、誰とやるか」で決まります。

たとえば、高校野球で甲子園に行くチームと、そうでないチームは何が違うのでしょうか？　甲子園常連チームだけ4アウト制、15人で守っていいなど、特別なルールが設けられているわけではありません。同じ仕組みを扱っています。であれば、差が出るのは「環境」と言えます。

たとえば、環境によって次のようなことが違ってきます。監督（メンター）、集まる人、エネルギー、考え方、優先順位、トレーニング内容……など。

**「仕組み（何をやるか）＋環境（誰とやるか）＝成果」なのです。**

野球という仕組みで、「プロ野球選手」という成果が欲しいのに、「草野球」という環境に身を置いていても、一生プロにはなれません。

もっと言うと、アマチュア（草野球）の基準で全力で練習したところで、１００年経ってもアマチュアはアマチュアのままです。

これを言い換えると、「自分なりの基準」で3年やろうが、100年やろうが、いずれプロになるということは絶対にないということです。

**プロになるには、プロの当たり前にしている基準（環境）に触れて、その基準でトレーニングしなければなりません。**

仕事も同様です。

どの上司のもとで働くか、誰とランチに行くか、仕事後に誰と飲みに行くか、誰の隣に座るか、すべて「誰と一緒にいるか」で、つくり出す成果は変わります。

一緒にいる人にこだわってみましょう。

自分で決める方法
12

## 一緒に働く人は、自分の基準を上げてくれる人を選ぶ

# お礼の連絡は、別れた瞬間に

以前、メンターから教えていただいたことがあります。

「アポが終わったら、オフィスを出て、すぐさま公衆電話に向かいなさい。そこで『先ほどはありがとうございました』と、ひと言でいいからすぐお礼を伝えるのです」

たったひと言、わずか10円で済む話かもしれませんが、このお礼のスピードにより信頼関係を築くことができます。

いまの時代、公衆電話からお礼することは少なくなったとしても、アポが終わったら近くの喫茶店に入るか、外のベンチでもいいので、すぐにお礼メールを送ってから歩き出すというクセをつけましょう。この「すぐに」が大事です。

**メール内容は、お礼と、ひと言伝えたいメッセージだけで構いません。たとえ短くても、すぐにお礼が来ると、相手はアポの時間に本当に価値を感じてくれたと思います。**

逆に、その日の夜や翌日の忘れかけたころにお礼メールが来て、本文を開くと、ひと言しか書かれていないとしたら、「あれ？　これだけか」となってしまいます。

お礼メールは、引き延ばせば延ばすほど、議事録のように長々としたものになってしまうので、早く送るほうが効率的なのです。

私は、お礼は三度で完了だと思っています。私のなかでのルールはこうです。

- **三流の人は、アポの最中にしかお礼を伝えない**
- **二流の人は、アポの最中とアポ後にお礼を伝える**
- **一流の人は、アポの最中とアポ後と〝次に会ったとき〟にもお礼を伝える**

お礼は、され過ぎても嫌な気持ちになりません。お礼をすればするほど、人とのコミュニケーションにおいて信頼され、主導権を握れるようになります。

私の大好きな言葉があります。

**「自分がしたことは忘れても、してもらったことは、鉄の金庫に入れて覚えておく」**

義理や人情にもつながる話ですが、人に好かれるために、長く良好な関係を築くために大事なことだと思います。

もちろん私が完璧でここまできたわけではありません。

いろいろな人の支えがあって生きてきたわけですから、場面場面で助けてくれた方や、その方にしてきてもらった行為は、鉄の金庫に入れてよく覚えていますし、まわりにも話すようにしています。

いままでは、社員や私の講演に来てくださる方など、たくさんの人の成功のお手伝いをする機会も増えてきましたが、「応援することで応援される自分になる」ということが腑に落ちてきました。

まずは、感謝を伝えて応援される人になることが大事です。そして次のステージでは、人の成功を応援することで、さらに応援される自分になるというサイクルをつくって、まわりを味方につけて、決めていくのです。

自分で決める方法 13

## お礼を使いこなし、主導権を握る

# 意思決定のスピードが、人としての魅力になる

# Chapter 3

*"Everyone thinks of changing the world, but no one thinks of changing himself."*

すべての人は世界を変えたいと思っているが、
自分を変えようとは思っていない。

——レフ・トルストイ（ロシア・小説家／１８２８〜１９１０）

# 「時間は命だ」と思えるくらい偏ると、魅力が上がる

私のメンターは、とにかく時間に厳しい人です。30分前には必ず会議の場にいて、PCを開いて仕事をしています。場所が遠い場合は必ず前泊するか、当日の移動であれば事故や渋滞の時間も加味して、1時間以上前に到着し、現地で待機しています。

以前こう話していました。

「1分でも1時間でも遅刻は遅刻。遅刻は人の時間を奪っていることと同義」

「携帯電話は常に意識し、いつでもどこでも電話に出ること。出られないときのために留守番電話サービスをつけておくこと。次の意思決定に移ると、コールバックされても何の件だったか忘れてしまうじゃないか」

「メールの返信は、まるでエラーメールのように素早くおこなうこと」

時間にルーズな人とは、仕事はできないという基準です。

また、食事の仕方もユニークです。

並ぶ店にはそもそも行かない。提供時間が長いお店にも行かない。たくさん食べるときは、あとから追加で注文するのではなく、最初から2つ注文する（替え玉ではなく醤油ラーメンと味噌ラーメン、サーロインステーキとリブロースステーキなど）。

お酒も、ちまちま酔うのではなく一気に酔ってしまう（最初にビールと焼酎ロックを一気飲みしてから、飲み会はスタートします）。

自家用車は持たず、運転する時間を省き、移動中は仕事。サーフィンの波待ちやお風呂のときは、考える時間に使う。

とにかく無駄がなく時間の使い方がユニークなのです。そして何より偏っています。

**「成功とは偏り」と言われます。偏っているということは、人として魅力があるということなのです。**

あなたの特技は何でしょうか。振り返ってみてください。

誰でも、人より偏って集中して時間を使ったものが、特技となっているはずです。

人より時間をかけて練習したから楽器が弾けるし、人より時間をかけて勉強したから有名大学に受かるのです。

自分で決める生き方には、集中してひとつのものに時間を投資していくことが大切です。

自分で決める方法 14

## 無駄な時間を一切排除する

メンターといると「時間＝命」という感覚がビシビシ伝わります。

**決める人は時間を大切にします。同時に動きが生産的で無駄がなく、ひとつのことに夢中になれる状況をつくり出します。**

決める人がもっとも無駄であると認識しているのが、通勤時間です。

電車でできることは、スマホいじりか読書だけです。スマホでメールチェックして、そのうちゲームアプリを起動し、目的地まで時間潰し。読書をしていたら眠くなり、そのまま目的地まで仮眠。だいたいこのような流れで、非効率です。

決める人は職住接近を基本とし、通勤にかける時間を、人と会ったり、習いごとに使ったり、有効に活用します。１分１秒も無駄にすることなく、意思決定のスピードを上げていくことが、人としての魅力になるのです。

# マメさを駆使して、プレミア感を出せ

## マメであることは、自分で主導権を握り、人から信頼されるうえでの必須要素です。

私は以前まで、まったくマメな人間ではありませんでした。

ここだけの話、「あとからまとめてやろう病」に罹《かか》っていました。メールを受信しても、読んで、閉じる。心のなかで読んで、勝手に返信したつもりになったりしていました。

結果、仕事でもメールが溜まったり、友達からの連絡などは、まとめて次の日の朝の通勤中の電車で一斉に返信していたので、友人関係も希薄でした。

「明日やろうはバカ野郎」という言葉がありますが、まさにバカ野郎そのものでした。


先日、メンターと中国の深圳《しんせん》に、仕事でご一緒する機会がありました。

驚いたのは、とにかくマメだということです。

海外にいて忙しいのに、スピードを要する仕事とわかれば、すぐにPCを開いてメールの返信を始めたり、メールを見た瞬間すぐ電話をしたり、その場でどんどん物事を前進させていました。

夜の世界でも、Ｎｏ・１になるホストやキャバ嬢は、マメで返信が早いと言われています。

私も営業時代に、顧客と関係を築くためには、「10本のメールより1本の電話、10本の**電話より1回の面会が大事**」と教えていただいたことがあります。

メールだけでは伝わりにくいことは電話で、電話では伝わりにくいことは直接会って話す。メールは文字だけでしか伝わりません。文字では理屈しか伝わりません。電話だと、声の様子から多少は感情が伝わります。

もっともいいのは直接会うことで、表情、仕草、視線のすべての様子が加わり、理屈＋感情が相手に正確に伝わります。

しかし、伝わりにくい文字ではありますが、手紙は別です。

手紙を書くことは、相手の心を鷲掴みする手段として非常に効果的です。

**手紙には、メールやLINEと違って、あなたのためだけに書いたという「プレミア感」がついてくるからです。**

企業から一斉に送られてくるダイレクトメールを読んで、心が動く人はほとんどいません。それは、どの人にも同じメールを送っているという認識が私たちにあるからです。

前述のホストやキャバ嬢も、じつは同じLINEの文面をたくさんの人に一斉送信しているかもしれません。でも、そもそも意中の人にLINEで告白するでしょうか。

それらとは違い、手紙は、相手があなたのためだけに時間を割いて手間暇かけて書いた、特別な思いが詰まったものなのです。

メールやLINEであっても、あなたのためだけのものとわかるメッセージが入っているかいないかで、返信率は明らかに変わってくるでしょう。

**LINEが登場した際、既読機能が話題となったように、人は相手の反応を気にします。**

FacebookやInstagramでも「いいね！」がどれだけ集まるかが気になります。世の中は反応を求めているので、瞬時に反応できる人こそ良好な関係を築きやすくなるのです。

メール→電話→会う。そして、手紙やＳＮＳをうまく駆使し、その場で物事を前進・解決させる人が、自分で決めていく人なのです。

自分で決める方法
15

## 直接会う、手紙を使う

# いいリズムを刻め

私はこれまで多くの講演を聞いてきました。そのなかで、とくに惹きつけられたスピーカーには、ある共通の特徴があることに気がつきました。

**うまい人のスピーチは、まるで歌っているかのようにリズムがあるということです。**

「間」「強弱」「表情」「声のキー」などをうまく駆使して、リズムがあるのです。

聞き取りやすく、話の展開にも安心感があり、スピーカーと同様に聴衆も高揚していけるようなリズムが存在します。

逆にスピーチが下手な人は、間やキーを外していて音痴です。話の展開が読めず、理解することに苦労し、聞いていて疲れてしまいます。そこにリズムは存在しません。

リズムはルーティンから生まれます。

数年前に有名になったラグビーの五郎丸選手の「五郎丸ポーズ」を覚えていますか？誰もが一度は真似したのではないでしょうか。

大相撲元大関の琴奨菊《ことしょうぎく》関《ぜき》は、精神的な弱さを克服するために、最後の行事仕切りの際に、フィギュアスケートの技であるイナバウアーに見立てた「琴バウアー」を披露し、快勝をイメージしていました。

オリンピックで2大会連続金メダルを獲得したフィギュアスケートの羽生《はにゅう》結弦《ゆづる》選手は、ジャンプの軸を確認するために、体の真ん中で「士」という文字を書いてから、スケートリンクの中央に静止するそうです。

野球のイチロー選手は、ネクストバッターズサークルからバッターボックスに入り、ピッチャーに対峙するまでに、じつに17〜18種類のルーティンをおこなっていると言われます。

**このようにスポーツ選手の例を見るとわかりやすいですが、成果をつくる人は、成果をつくるルーティン（リズム）を持っています。**

だからと言って、五郎丸ポーズをすれば誰もがゴールキックを決められるわけではありませんし、イチロー選手のようにヒットが打てるわけでもありません。

ルーティンとは、相当量の場数をこなし、失敗を繰り返しながら試行錯誤した結果、導き出した自分なりの成果になる習慣なのです。

では、この達成のルーティンは、どうやってつくり出すのでしょうか？

コツは、達成しやすいことから始めることです。

**毎日、自分で決めたことを達成してみる。すなわち自分との約束を守っていくなかで、仕事にリズムが生まれ、そのリズムに乗っているときに人は必ず目標達成するのです。**

リズムが生まれると、行動のスピードと質が圧倒的に上がります。

達成は、パチンコでいう確変状態、マラソンでいうランナーズハイ状態に似ています。

自転車の漕ぎ始めのように、最初はペダルが重く、いきなり軽快に前に進むことはないかもしれません。まずは地道に小さな達成を積み重ね、場数をこなしていくなかで、徐々に小さなリズムができ始め、それを継続することで大きな達成のリズムは生まれてくるのです。

達成のリズムをつかむと、あとはそのリズムが達成に導いてくれます。したがって達成のリズムをつくるまでに、いかに小さな達成を積み重ねるかが重要になってくるのです。

自分で
決める方法
16

## 達成しやすいことから始めて、達成のリズムをつかむ

# 提出物は1日以上前倒しが基本

「やる気、あります！　いつでも飛んで行きます！」と言っている営業マンが、大事なお客さまからのメールの返信を3日間放置していたら、どう思いますか？

「大好きだよ、早く会いたい」と言っている彼氏が、大事なデートに1時間も遅刻してきたら、どう思いますか？

いくら口では言っていても、やる気はまったく伝わらないはずです。むしろ本当に大事な相手であれば、1秒でも早く返信するし、1秒でも早く会いたいのではないでしょうか。

会社員時代、私は自分で切った提出期限を必ず1日以上前倒しして顧客に提出するということを徹底していました。

いい意味で、顧客の期待を裏切るのです。

人間関係構築や経営や集客のコツは、ここにあります。

**顧客の期待以下だと、不満が生まれます（二度目は絶対にありません）。**

**顧客の期待通り（以上でも以下でもない）だと、満足が生まれます（二度目は、わかりません）。**

**顧客の期待を上回ると、感動が生まれます（リピートが発生します）。**

スピード＝やる気・信頼につながります。

これは、相手がいかに重要な存在かを示すことになるのです。

当時、業務量が少ないから顧客に案件を前倒しして提出できたのかというと、決してそうではありません。むしろ、いつもやるべき業務であふれていました。

すべての案件をスピーディーにこなすということは不可能です。

**ここで大事なのは、自分の目的・目標から見て、いま何に注力すれば最大限の成果につながるのか、作業に優先順位をつけることです。**

この案件が受注できなければ予算未達とわかっているのなら、その案件を達成するためにできることのみに時間を使うべきなのです。

急に降ってきた仕事であっても、達成に効果がない案件や社内業務や会議は、すべてあと回しでOKです。

「どう、今日一杯飲みに行かない？」

こう先輩や上司に聞かれたときに、ついつい流されて飲みに行っていませんか？

今日の目標を達成していたら行く、今日の目標達成してから合流すると判断しましょう。

ついつい流されて飲みに行き、その日の目標が未達であることのほうが、あとで自分を苦しめます。

このような場合、だいたい上司は飲みに行ける人を探しています。別にあなたでなくてもいいのです。あなたでなくてもいいものは、優先順位が高くありません。

**顧客との約束など、あなたしかできないことに一番時間を割くべきです。**

何を優先すると目標達成するのか、成果になるのかをいつも考えて、優先順位をつけていくスピードが、達成のスピードにつながっていくのです。

つまり、決める人は、明確さ（目的・目標）・厳密さ（優先順位・こだわり）・スピード（意思決定）を重視しているのです。

自分で決める方法
17

## 「欲しい結果に対して何が必要か」で判断する

行動するために考えるのではなく、考えるために行動するゲームセンターで、フリースローゲームをやったことはありますか？決められた時間内に、バスケットゴールに何本シュートを決めることができるか、というシンプルなゲームです。

このゲームで要求されるのは、シュートの「正確さ」と「スピード」です。

もし投げる前に、一本一本真剣に構えて、フォームをチェックして、深呼吸をして、外したら悔しがって頭を抱えている人を見たら、どう思いますか？

**「いいから、早く投げろよ！」**と突っ込みたくなると思います。

私は数学が苦手だったのでわかりませんが、数学が得意な人は、自分の思いついた解で試してみて、途中で行き詰まると即座に切り替えて別の方法を試すそうです。

私のような苦手なタイプは、ずっと「この解で間違いないはずなのに……」と解き続け、迷走しているケースが多いはずです。

**何が言いたいかというと、「成功のスピードは、失敗を切り替えるスピード」だということです。**

最初から、すべてうまくいく人なんかいないわけですから、「完璧さを求めて、熟考した結果、動く」より「即座に判断し、実行して、間違えたら改善していく」ほうが明らかに効率がいいのです。

楽天の三木谷社長は、「**行動するために考えるのではなく、考えるために行動することが大事**」とよく言うそうです。まずは何より行動すること。行動するから本当の課題が見つかり、考える材料ができるということです。

非効率な人は、やる前からあれこれ考えます。しかし、そのほとんどは勝手な妄想や思い込みで役に立たないことばかりです。

決める人は、「即断・即決・即実行」です。

「**まずは行動することですよね。わかっているのですが、なかなかできなくて……**」

よくこのような相談を受けます。

私も本来は即断・即決できるタイプではないので、気持ちはよくわかります（いまでもコンビニに行くと何を買おうか迷ってしまいます）。

でも、そんな私も含めて、誰もが即断・即決できるようになる方法があります。

それはメンターを決めることです。「この人から言われたことは何でもやる」と決めてしまえば、やるかやらないか、いちいち考える必要がなくなるからです。「自分で決める」というテーマの本書ですが、仕事においてメンターはもちろん必要です。

**仕事や経営において致命的なことは、迷うことです。迷いながら仕事をして、いい結果が得られることはありません。メンターから言われたアドバイスは即断・即決し、実行するときは、やりすぎと言われるくらい振り切って実行してみることがポイントなのです。**

私のメンターは、「やったほうがいいよ」と、いつも口調が柔らかいのですが、私はその言葉を頭のなかで「やれ！」に変換して行動してきました。逆に、ここでうまくいかない人は「やったほうがいいよ」を「参考にしよう」に変換します。

メンターに最高のアドバイスをもらっても、ちょっとずつ実行する人と、わかりやすく振り切って実行する人とでは、習得具合が変わってきます。

何事も「わかるからやるのではなく、やるからわかる」ものなのです。

自分で決める方法 18

## 即座に判断し、実行して、間違えたら改善していく

# 同じレベルで意思決定できる仲間をつくる

自分で決めるためには、意思決定のスピードが重要です。

意思決定のスピードを重視するうえで、非常に大事なポイントがあります。

それは、「あなたと同じレベルで意思決定できる仲間をつくること」です。

仕事は一人でやるわけではありませんから、あなただけが意思決定しても、まわりが乗ってこなければ、話は前に進みません。

**あなたと同じ意図で、同じスピードで、同じように実行していく人がいて、はじめて意思決定したものが浸透し、機能し、加速していくのです。**

「俺はこっち」「わたしはあっち」と、それぞれが違う方向から岩を押しても一向に動くことはありません。同じ方向から、力を合わせて押すので、大きな岩も動くのです。

リーダーは、みんなが向かうべき方向性を示し、模範となることが大事です。

まさに率先垂範《そっせんすいはん》です。

偉そうにしてドンと構えて、指示だけ出して自分は動かない、お山の大将のようなリーダーには、誰も人はついていきませんし、すでに時代遅れです。

では、同じレベルで意思決定できる仲間は、どうやったらできるのでしょうか。

**それは、あなたがビジョンを語ることです。**

**そして、初動が速く動ける人を集めることです。**

あなたのビジョンに賛同する人の数が、同じレベルで意思決定できる人の数になるといえます。

ビジョンとなると、少し難しく構えてしまう人もいるかもしれませんが、私も最初から大きなビジョンがあったわけではありません。

『スイミー』という物語をご存じでしょうか？

小魚たちが、スイミーを中心にまとまって大きな魚に化けて、大きなマグロを追い払うというストーリーです。

私が会社員時代や起業してから実践したことは、これに近いものがあります。

私一人では非力すぎて、なかなか大きな結果を出すことが難しかったところを、意思決定のスピードを上げて、同じ基準で動く仲間を募《つの》って、総合力で大きな成果を上げてきました。

**私一人では、一流の経営者の足下にも及びませんが、私と私の同志１００人で、一流**

**の経営者と同等になっていけばいいのです。**

たとえば、孫正義さんを見て、「僕も孫さんのようになれる」と思う人は、なかなかいないと思います。でもスイミーのように、みんな力を合わせれば、孫さんにもなれるかもしれません。

もしあなたが、自分は特殊な人間ではないと思っているのであれば、同志を募り、機動力を使って、同じレベルで意思決定できる仲間をつくり、戦いましょう。

自分で決める方法 19

## スイミーになる

圧倒的な
差をつくる
決断力の
磨き方

# *Chapter 4*

*"Creativity requires the courage to let go of certainties."*

創造性は結果を恐れない勇気を持つことから生まれる。

――エーリッヒ・フロム（ドイツ・心理学者／1900～1980）

# 「状況が整うことはない」という感覚で生きる

私が起業したのは、社会人4年目のころでした。

当時は、会社で目標達成のために多くの業務をこなしており、月によっては100時間残業も当たり前でした。当時は「そんな時期によく起業しましたね」とまわりに言われたことをよく覚えています。

そして起業した私は、その3年後の28歳のときに、父親を病気で亡くしました。

このような20代を振り返ると、「いまは仕事が忙しくて、起業どころじゃない」と自分で決めつけて会社員を続けていたら、その後父親を亡くし、残された母親のことを気にかけながら起業にチャレンジはできなかったと思います。

また、入社1年目のときも、本心では起業を意識していたにもかかわらず、「まだこの会社で3年も働いていないのに、仕事がわかったような口をきくのは早いし、起業はまだだな」と、勝手にブレーキをかけていました。

**入社1年目は、「まだ仕事で実績もつくっていないから」。**
**3年経つと、「いま、やっと責任ある仕事を任されるようになったから」。**

**さらに4年、5年と経つと、「役職にも就いたし、結婚もしたし、子どももできたし、親の世話をしないといけないし、いまさら……」。**

このように、人は常に「いまじゃない」と言い訳ばかりして、チャンスを逃します。断言しますが、状況が整うことは、一生ありません。

車を運転していて、前方に見えるすべての信号が青信号になることはありません。すべて青信号になってから進もうとしていたら、ずっとその場から動けないということになってしまいます。

むしろ、いまがもっとも状況が整っていると思うべきです。

時間もあり、お金もあり、人脈もあり、ノウハウもあり、自信もある。そんな完璧な状況を待っていても無駄です。決めるのを先延ばしするのではなく、いまのあなたから勝負するしかないのです。

そもそも、自信とは、行動したあとにしかつきません。

**「自信を持ちなよ」**と言う人がいますが、自信は持つものでも、突然降ってくるものでもありません。「行動が先、自信があと」なのです。

自分で決める方法
20

## 自信はあとからついてくる。決めるのは「いま」だ

**時間が欲しい人に限って、「いまは時間がないからできない」と言います。**

**お金が欲しい人に限って、「いまはお金がないからできない」と言います。**

**友達が欲しい人に限って、「いまは友達がいないからできない」と言います。**

**成長したいと言う人に限って、「いまは未熟だからできない」と言います。**


しかし、そういう状況を変えたいから、新しいことを始めるのではないでしょうか。

あなたが足を止めそうになる、その〝やらない理由〟こそが、やる理由なのです。

状況が整うことを待つのではなく、いまこの自分からやると決める人が、人と差をつくっていくのです。

# 相手に決断させる最大のポイントとは？

決断ということを考えたとき、自分で決めるということはもちろん、**相手に決断してもらうという側面**もあります。ここではそれを考えていきましょう。

たとえば、行き先のわからない飛行機に乗ったとします。

そうすると、あなたは「この飛行機はどこへ向かうのか？」ということだけが気になるようになります。途中、最高の接客や食事が用意されていたとしても、そんなことは頭に入ってきません。着地点が明確だから安心して機内で過ごせますし、サービスを受けることができるというわけです。

**同じように、周囲を巻き込んで決断ができる人や、商談をうまく決めていける人は、いつも着地点が明確です。**

話がどこに向かうのかわかるので、聞く側も安心して聞けます。逆に、着地点が曖昧《あいまい》だと、話があちこちに飛び、聞いている側も混乱してしまいます。

人と会っているとき、その時間は有限です。何も決めていないと、ついつい世間話をしすぎて肝心な話に至らなかったり、相手のペースに巻き込まれて、自分が決めたい本題を切り出せないまま、終わってしまうことがあります。

ある程度アイスブレイクをしたあとに、「**本日は〇〇の件で伺いました。△△について決めていければと思います**」など、この時間で目指す方向性や着地点を明確にしてあげることが大事なのです。

着地点が明確だと、時間を有効に使えるということだけでなく、相手から何を引き出すかも明確になるので、質問もシンプルになります。

第1章でも触れましたが、一流の営業マンになればなるほど、周囲がいつクロージングをしたかわからないくらい、自然と軽快にクロージングしています。

着地点が明確だから、何気ない顧客との会話でもニーズをキャッチしているのです。

着地点がなければ、終始ただの雑談に聞こえるし、着地点があれば、そのなかからでも顧客のニーズをキャッチし、提案に結びつけるのです。

**話が前に進むか進まないかは、あなたの着地点の設定次第です。顧客の何気ない会話を逃さずに質問をし、そこから広げて商談の話にシフトしていくのです。**

だからと言って、意図通りに顧客を誘導するわけではありません。

説得・強制・お願いではないからです。

意図（着地）を決めたら、フラットに、顧客の立場で一緒に考えていきながら、顧客が最善の決断ができるお手伝いをするだけです。

**その際に、顧客が自分で決めていくための十分な材料を、あなたが用意しているかが重要です。**

状況が似ている顧客の実例、参考文献の紹介、より詳しい技術者のアサイン、競合他社の実情など、効果的に引き出しから情報を与えていくのです。引き出しの数が多いということも、決めていく人が流されずに優位に立てるポイントなのです。

自分で決める方法 21

## 着地点を明確にする

# ひとつの道に熱狂して、専門家になれ

分野を究めると、自分の決断に自信を持てるようになります。

逆に決めることができない人は、単純に勉強不足のケースが多いです。

徹底的に勉強し、自分の仕事を究め、専門家になっていくことが大事です。

**さらに、体験も伴いながら「この分野に関しては、何でも私に聞いてくれ」と言える状態をつくると、決めやすくなります。**

決める際に、知識や体験がお守りとなるのです。

分野は、まずはひとつに絞って、3～5年は熱狂してみてください。

ほかの分野もすべて1から100まで究めようと思ったら、どれだけ時間があっても足りません。ひとつ究めている分野があれば、それで十分食べていけます。

**ですが、ここからさらに決断力を磨いていこうとすると、分野を横展開する必要があります。**

たとえばメジャーリーガーの大谷翔平選手が、「未来技術の進展はすごいですね。近い将来ドローンで宅配もできるようになりそうですね」と、未来技術について語ったとします。

この会話だけだと、「大谷選手は、未来技術に興味があるんだな」と思う程度です。

それに加えて、大谷選手が、

「実際に中国の深圳は、バイクはほとんど電気バイクだし、バスも自動運転を試験的に実施していますね。飲食店に行ってもほとんどが電子決済で、クレジットカードを持っている人なんかほとんどいません。そもそもレジで並んでお会計するのではなく、お店に入ったら席に座り、その場でＱＲコードを読み取って注文する仕組みのお店ばかりです」

と語ったらどうでしょうか。

「大谷選手は野球だけじゃない。すべてを究めている」「何をやっても完璧な人だ」と誰もが絶賛するはずです。

最初の会話だけであれば、誰もが知っている未来技術に対する基礎知識ですが、深圳の話のようなマニアックな知識をひとつ知っているだけで、とんでもなく教養のある人に見えてくるのです。

専門以外の分野では、「**基礎レベルの話＋マニアックな話をひとつ**」知っていれば、「あいつは何でも知ってるすごい人」になります。

逆に、ひとつの分野も究めていない人が、ほかの分野の基礎知識やマニアックな話を語っても、「まず本業をしっかりやれよ」と突っ込まれることになります。

**すべてにおいて主導権を握れる人は、必ず専門以外の分野の基礎知識やマニアックな話をひとつは持っています。自分をうまくプロデュースして、優位に立たせているのです。**

まずは3～5年はひとつのことに熱狂して、徹底的に勉強して、専門家になることをおすすめします。その道のプロになるのです。

自分が一番わかっていることが、決めていくなかで大切になるからです。

自分で決める方法 22

## 専門家になれば、決断に自信が持てる

# 情報の収集家になれ

専門家になれば、決断力を磨けるという話をしました。

そのために大事なことは、常に情報収集を欠かさないことです。

私は、もともと博識でもありませんし、いまもテレビや新聞はほとんど見ません。

私の知識の8割は、現場で仕入れたものばかりです。

現場でネタを増やしてきたのです。

とくに相手の体験話には、非常に興味があります。体験話こそ、ネットだけではなかなか得られないリアルでマニアックな情報だからです。

**人は、この「ここでしか得られない情報」に弱い生き物です。**

相手から教えてもらったことを、次に会ったときに完璧にマスターしていたら、どうでしょうか。相手も嬉しくなり、あなたの好感度も確実にアップします。そのことが、相手を大事にしていることにつながるからです。

勉強したら、ワンセットで、もうひとつやることがあります。

それは、人や本から教えてもらった知識を、自分のものにしていく作業です。

そのためにもっとも効果的なことは、誰かにアウトプットしてみることです。

**アウトプットこそ最大のインプットといえます。**

インプットやアウトプットを磨くためには、とにかく人に会うことです。

また、情報収集する際に大事なことは「常にアンテナを張ること」です。

売れる芸人さんが、誰もが見たことがない斬新なネタをつくっているかというと、決してそういうわけではありません。

どの芸人さんに聞いても、「ネタやアイデアは、日常の現場にたくさん転がっている」と言うそうです。電車のなかや喫茶店、バイト先など、日常生活に笑いに変わるネタはたくさんあるそうです。

**日々の生活をどのように過ごすのかで、面白いネタがつくれるかどうかは決まり、共感がとれるネタはできるのです。**

私はもともと学生時代は10年間、野球しかやってこなかったので、多趣味なわけではありません。

しかし、起業してからはいろいろと趣味が増えました。サーフィン、海外旅行、ダイビング、グルメなど、時間をつくって楽しんでいます。

ここまでやる理由は、体験を伴って、ネタが増えるからです。

現場でたくさんネタを仕入れ、相手が知らない情報や興味のある情報を効果的に自分の引き出しから出せる状態をつくれば、あなたは自分で主導権を握って、決めることができるようになります。

自分で決める方法
23

## アンテナを張り、ネタを増やし、アウトプットせよ

# 八方美人は、いますぐやめなさい

起業した当初、それまで親や先生から教わってきた「当たり前」と、起業するための「当たり前」の違いによく戸惑いました。

会社員時代、正月は会社自体が休みなので、家族とゆっくり過ごすことが当たり前でした。ですが起業してからは、人が休んでいるときに働くことが当たり前に変わりました。働いて得たお金は貯金することが当たり前から、稼いだお金は自己投資して、さらに増やすことが当たり前に変わりました。

どちらが正解・不正解かを言いたいわけではありません。私も、そのときその瞬間は、それがベストだと思って選んできました。

人間関係が難しくて奥深い理由は、必ずしも全員が、自分と同じ当たり前では生きていないということです。このことを心得ずに、自分が「正しい」と決めつけて人に関わると、誰かが「間違っている」になってしまいます。

**「間違っている」と言われ続けると、その人は無価値感を覚えてしまいます。**

人はみんな育ってきた環境によって考え方が違うわけですから、人の当たり前を決めつけることはできません。もし自分と違った考えの人がいたら、「間違っている」と指摘するのではなく、「それも一理ある」と捉えてください。

しかしそれでも、あなたが欲しい成果を決めたとき、この当たり前の違いによって他人と衝突することがあるかもしれません。

私も起業するとき、親や友達、会社の上司と何度も衝突してきました。しかし、衝突するたびにいちいち折れていては、いつまでも自分の理想にはたどり着きません。欲しい成果が違うのであれば、理解されなくて当然です。八方美人はいますぐやめましょう。

起業したいのに、親や友達、会社の上司から「いいね！」と言われることをやっていたら、いつまでも立ち上がりません。逆に「お前、頭おかしくなったのか」と言われ始めたら、成功の道へ近づいているのかもしれません。

**ここでは私の起業の体験を例に出していますが、どの道に進むにせよ、誰にでもいい顔をする八方美人タイプは、自分の道を決めていくことはできません。**

プロスポーツの道、投資の道、転職、もしくは結婚などもそうかもしれませんが、必ず周囲からの反対の声はあるものです。

決めるには、そのことに臆《おく》さず、立場を明確にすることが大切です。

自分で決める方法
24

## 逆風が怖ければ、誰かを参考にしてもいい

「そんなこと言っても、怖くて、なかなか立場なんか明確にできない……」

そんなふうに、逆風におびえている人もいるでしょう。そんなあなたに伝えたいことは、「誰に流されるかを決めてください」ということです。

人はいままでもこれからも、必ず誰かに影響を受け、流されて生きてきました。

自分が完全にオリジナルで、誰からも影響を受けずに生きてきた人はいないはずです。

流されることは決して悪いことではありません。それより、**流される対象の人を明確にして、最終的には自分で決めることのほうが、よほど大事だということです。**

私も、自分の欲しい結果を持っているメンターに流されると決めていたので、周囲に反対されても、ブレることはありませんでした。

ただし、影響は受けてもいいですが、最終的には自分で決めるというスタンスは必ず持っておいてください。

# 「For me」思考は、いますぐやめなさい

八方美人をやめるということは、「他人にどう見られるか」を一切気にしなくなるということです。

去年の流行語に「インスタ映え」がありました。これは若者を中心とした世の中が〝他人にどう見られるか〟を意識している現象を反映する結果とも言えます。「いいね！」の数により、自分がどう見られているかに、一喜一憂しているのです。

あなたは、好きになったら、自分から積極的に告白するタイプでしょうか。

好きな相手がいても、自分から告白する人もいれば、自分からは告白せずに告白を待つ人もいます。

なぜ、同じ「好き」でもこのように分かれてしまうのでしょうか。

自分からは告白しないという人に話を聞いてみると、よくこう返ってきます。

**「傷つくのが怖いから」**

このような人は、じつは告白してうまくいくことより自分が傷つかないことのほうが大事なのです。さらに言えば、告白する相手のことより自分のことのほうがよっぽど大事だし、好きなのです。

これは究極の「For me」です。

自分のことしか考えていない人は、いつも自己満足です。

**人に喜ばれているわけではないので、そこに成果は発生しません。いつまでも自分が傷つかないことを優先していては、理想の成果は得られなくて当然です。**

傷ついていないからといって、幸せになっているわけではないのです。


では「どう見られるだろう」から脱却するには、どうしたらよいのでしょうか。

それは、欲しい成果を決め、リスクをとりにいくことです。

成功者は、好んでリスクをとりにいきます。

**仮にあなたがあがり性だったとしても、人前で話すことで欲しい成果が得られるのであれば、好んで人前に出るはずです。**

そこにあなたがあがり性であるとか、恥ずかしい思いをするかもしれないとか、笑われるかもしれない、失敗するかもしれないということは関係ないのです。

自分で
決める方法
25

# 結果を決めて、リスクをとりにいけ

成果に忠実だと、あがり性も成果のために克服しようと冒険をします。

人には勝手につくりあげている自分の「枠」というものがあります。

**「あがり性だから……」といつも人前に出ずに安全圏にいては、自分で決める人生を歩むことはできません。まして、成果をつくることなんてできるはずがありません。**

可能性は、あなたの枠の外にしかないのです。

決める生き方をするために、リスクをとりましょう。

# 自分で選んだ道は、自分で正解にする

自分で決めるには、自分の選択にブレないことです。

他人にどう見られるかを気にする人は、まわりの正解を気にします。

**自分で決める人は、自分が選んだ道を正解にしていきます。**

ソフトバンクの孫さんは、「まず、登る山を決める」と言っています。

決めたら、途中どんなことが起きようが、まず登りきってください。

ところが、ほとんどの人が、山を登っていく途中で「本当にこの道でよかったのか」と迷い始め、達成もしていないのに自分には向いていないと勝手に判断してあきらめます。

そんな人が次の道へ行っても、絶対にうまくいきません。まずは、一度決めた山を登りきる（達成する）ことが先なのです。

選んだ道を正解にする人は、うまくいかないことが起こっても、「この課題をどう解決しよう」ということに力を使います。

あなたに乗り越えられない障害は訪れません。

私もいまになって振り返ると、障害を乗り越えたあとに、必ず次の段階へステージアップしてきました。

障害はチャンスです。障害が起きたら小躍りして喜びましょう。

世の中に、完璧な業界、完璧な会社、完璧な人などは存在しません。

何事も外から見ると完璧そうに見えても、いざ近くで見ると、たくさん粗が見つかるのが通例です。

ただ単に、隣の芝生が青く見えるだけなのです。

**そんなどこにでもある、誰にでもある粗が見つかるたびに道を変えていては、何も成功しないいまま、人生は終わってしまいます。**

大事なことは、不完全さを受け入れていくことです。

さらに、この業界をよくしていこう、この会社をよくしていこう、この社長を押し上げていこうと、補完していく人こそ成功していくのではないでしょうか。

文句・不平不満は何の役にも立ちません。

それはセンスのない人がやることです。

リーダーになる人は、仲間の仕事にポジティブな影響を与える人です。

ジョン・F・ケネディは、「リーダーはパワフルな言葉で断言すべき」と唱えました。

選んだ道を正解にするために、障害をチャンスと捉え、逃げずに達成する癖をつける人が、自分で決めていける人なのです。

自分で決める方法 26

## 登る山を決めて、とにかく一度登りきってみる

# 自分の人生の主人公になれ

# *Chapter 5*

*"The tragedy of life doesn't lie in not reaching your goal. The tragedy lies in having no goals to reach."*

人生における悲劇は、
目標を達成しなかったことにあるのではない。
それは人生に目標を持たなかったことにある。

――ベンジャミン・メイズ（アメリカ・教育者／１８９４〜１９８４）

# 自分の人生は、自分で経営しなさい

大手企業の会社員から起業したという話をすると、「経営なんて自分には絶対にできない」と言われることがあります。

私も、以前は本気でそう思っていました。

起業するとき、「やりたいことがあったのか?」と聞かれると、私は決してそうではありませんでした。当時あったのは、「このままではいけない」。そして、「もっとよくなっていきたい」という、単純な思いだけでした。

親や学校の先生からの教えも非常に大事でしたし、会社での経験も、もちろんいまでも役立っています。しかし、親も先生も会社も、あなたの人生を保証してくれるわけではありません。

**「どうなりたいのか。それは、なぜなのか?」**

このことを明確にして、自分の人生は自分で経営していかなければならないのです。

「考えたように生きなさい。さもなければ、生きたように考えてしまう」

起業する前、このような言葉をいただいたことがあります。

親や、まわりの正解や常識を気にして、なんとなくＮＥＣに入社しました。

仕事は一生懸命がんばっていたので、会社での目標はありました。

「予算〇〇億円を達成する」

「今年〇〇を受注し、5カ年計画で、すべて当社の製品に入れ替える」

しかし、「人生の目標は?」と聞かれたとき、答えられませんでした。人生をこうしていきたいという明確な目標がなかったのです。

会社でも出世する人は、人生の目的が明確なはずです。それと、会社での目標が連動しているので、達成するのです。

入社以来ずっと抱いていた「このままではいけない」「もっとよくなっていきたい」「でも、どうしていいかわからない」という感覚。このことに最後まで正直になったことが、最終的には起業に至ることになったのです。

このままではいけないということは、いままでの選択ではいけないということです。

ただ、選択というのは、ほとんどが自動的におこなわれてしまいます。

**自動的に選択しないようにするには、一度止まって客観的に自分を見て、本当にこれからに必要なことを再選択していく必要があります。**

その方法として、主には読書をしたり、人に会ってみたり、いままでやろうと思っていたけどあと回しにしていたことに取り組んできました。

そうすると、いろいろわかっていたようで、じつは知らないことがたくさんあるということに気づきました。**価値観や視野を広げていくなかで、自分のなりたい姿を実現するためには、起業という選択肢もありなのかな、と気づいていったわけです。**

「人生、空っぽで意味なし」と教えてきてもらいました。私はこの言葉が大好きです。

つまり、あなたが自分の人生にどんな価値や意味をつけるかが大事なのです。

あなたは、誰のものでもない自分の人生を、どう組み立て、どう経営しますか？

多くを求めず消極的に生きること、何も考えず自動的に生きること、最大限成果を求めて生きること、誰もあなたを制限しません。

あなたの人生は、あなた次第です。

自分で決める方法
27

## 「読書」と「出会い」で、視野を広げよ！

# あなたにとって、緊急かつ重要なことは何か？

「いままでやろうと思っていたけど、あと回しにしていたこと」に取り組んだ、と言いましたが、これは簡単なようで、じつはなかなか難しいことです。

タクシーの運転手は、タクシー会社から独立して個人タクシーに変わると、途端に自己破産率が増えると聞いたことがあります。

理由は、出勤するという強制力が働かなくなるからです。

その点、会社の仕事というのは、基本的に出勤しなければならないので、自動的に強制力が働き、誰もが取り組みます。

会社ではテキパキと働いているエリートでも、休日になると途端に自分を管理できなくなる人が多いものです。

休日に「読書をしよう」「英語を勉強しよう」「新たな人脈をつくるために活動しよう」と思っていても、なかなか取り組めないのです。

**それは、読書や英語、人脈をつくることが、「重要なことではあるが、緊急なことではない」からです。**

私は、起業するときに、メンターにこう言われました。

「起業してよかったことは、自己管理能力が上がったこと。逆に悪かったことは、自己管理能力がないことがバレてしまったこと」

起業して何に向き合ってきたかというと、結局は、この自己管理能力の向上です。

「ベーシックインカム」の時代が到来しようとしていますが、もし近い将来、働かなくとも賃金が保証される時代が来たとしても、自己管理能力がない人は、すぐにお金が足りない状態になってしまうでしょう。

また、働くことに依存している人からしても、勝手に賃金が入ってくるとなると、働く価値を見出せなくなってしまうため、自分で生きる意味や価値を見出していくマネジメントが必要になってくるのです。

いまや自己管理能力の向上は、起業する人だけでなく、誰にとっても人生を切り拓くキーになっているのです。

以前、ボランティアで世界的に有名な社長の講演を聞いたとき、こう話していました。

「やりたいことをやるために、やりたくない、やらなければならないことを、やり続ける」

「表に見えるきれいな仕事は、たった1％だけ。残り99％はやりたくないと思うような仕事ばかり」

すごく身に染みました。

強制力が働かないなか、自分で決めるのはどうすればいいのか。それは、いかにやりたいことだけではなく、やるべき価値があることに取り組めるかなのです。

自分で決める方法
28

## 「やりたいか」ではなく「やる価値があるか」で判断する

# 強制的にやらざるを得ない仕組みをつくる

でも、このような話を聞いても、最初からやるべき価値のあることに取り組めたかというと、決してそうではありません。

私も最初は、「**よし、やるぞ！**」と思っても、なかなか行動には移せませんでした。

そんなときもらったアドバイスは、「**仕組みをつくれ**」ということでした。


想像してみてください。

あなたは、「**今年の夏こそは**」と思って、毎日体づくりに励んでいます。

そんなある日、仕事帰りに飲みに行って、ついつい飲みすぎて、いい気分で酔っ払って帰宅しました。

「**今日ぐらいは、ランニングや筋トレはやらなくていいだろう**（むしろ酔っ払って、できない）」と思っているあなた。

家に着き、ドアを開けると、なんと家のなかがトレーニングジムに変わっています。

綺麗なお姉さんがジョギングしていたり、ムキムキのお兄さんが必死でベンチプレスを上げている光景が目に入ります。

そんな光景を見たあなたは、どう行動しますか？

「おお、みんなやってるね！　では、おやすみなさい」とはならないはずです。どんなに酔っ払っていても、筋トレを始めるのではないでしょうか。

「意志は弱いが、仕組みは強い」という言葉があります。

**意識レベルでは「今日は無理」と思っていても、まわりがやっている環境に身を置くことで「今日もやろう」に変わるのです。**

会社のように、強制的にやる仕組みをつくって、仲間を集めることで、人は必ず環境の通りに動くのです。

私は、高校まで野球部に所属していました。

練習日と、時間やトレーニング内容が決められていて、監督や部員がみんな集まるという仕組みがあったので、炎天下でも、極寒のなかでも、盆正月も返上して練習ができたのだと思います。

仕組みがあるからやる、仲間が集まるからやる、甲子園に行くような選手でもきっとそうではないでしょうか。

一人でも炎天下や極寒のなか、盆正月を返上してやれる！　というモチベーションの人のほうが少ないと思います。少なくとも私はできません。

**「仕組み」と「仲間」を用意することで、誰でも継続することができるようになります。**

そして、それが60日経つと習慣に変わると言われています。

習慣にさえしてしまえば、あとはその習慣が自動的に人生を導いてくれます。

習慣になるまで仕組みをつくって、やるべき価値があることに取り組みましょう。

自分で決める方法
29

## 仕組みをつくって、60日間継続し、習慣化する

# 自分の未来に責任をとれ

よく**「自由になりたい」**と聞きます。

自由になるとは、あなたにとって、どういうことでしょうか。

南の島のビーチで寝そべり、トロピカルジュースを飲むことが自由でしょうか。

宝くじが当たって、生涯働かなくてよい状態になることが自由でしょうか。

会社員は不自由、起業して脱サラすると自由でしょうか。


自由とは、「自らに由（よ）る」と書きます。つまり「自分の人生は、自分次第で、自分で決めていける」ということです。

まさにこの考え方こそが自由であると、私は思います。

**つまり、「自分が源」という考え方です。**

よい結果も悪い結果も、結果の原因はすべて自分なのです。

逆に、自分の人生は会社次第、景気次第、親次第、旦那・妻次第、彼氏・彼女次第で決まると考えている「まわりが源」な人は、非常に不自由な人です。なぜなら、自分で決めることができないと思っているからです。

「自分が源」を選択すると、メリットとデメリットは次のようになります。

**【メリット】成長できる、人が集まる、自由**
**【デメリット】言い訳できない、楽できない**

「まわりが源」を選択すると、メリットとデメリットはこうです。

**【メリット】言い訳できる、楽できる**
**【デメリット】成長できない、人が離れる、不自由**

これは、どちらにも覚悟が必要です。いくら大金持ちになったとしても、南の島で豪遊していても、自分で決めていけない人は不自由です。

逆に、会社員だから不自由かというと、決してそうではありません。仕事ができて出世していく人は、いつ有給をとろうが、どれだけ残業しようが、何も言われません。

自分の選択で決めていくことができ、それでいて数字もしっかり残すので、いつも自由なのです。

「未来はいま」という言葉があります。いまの選択によって未来はつくられています。いまあなたがやっていることで、未来はつくられているのです。

筋肉をつけたいなら、いま筋トレをしていないと筋肉はつきません。

ダイエットしたいなら、いまカロリーを減らすことをしていないと減量できません。

時間をコントロールできるようになりたいなら、いま複数のことを同時にコントロールできていないと、いつまでも時間をコントロールできるようになりません。

**理想の未来を描くなら、いまやっていることがすべてなのです。**あなたの未来に責任をとりましょう。他人と過去は変えられない。変えられるのは自分と未来だけなのです。

自分で決める方法 30

## 「すべて自分が原因だ」と考える

# べつに起業したから
# 自由なわけではない

私は2ヵ月に1回、海外旅行をします。毎月、出張で大阪にも行きますし、母親を福岡に残しているので、福岡にも帰省します。

それでいて、いまでは小売店経営・レンタルスペース運営・人材派遣事業・講演会事業を回しています。スタッフや店長との打ち合わせの時間、講演会の日程、ビジネスパートナーとのミーティング、すべて自分で決めています。

趣味も充実しています。毎月、趣味のサーフィンと野球は欠かせません。グルメも好きで、よく新しいお店を開拓しています。ドライブも好きです。

毎日がパズルのように埋まっていき、充実しています。

予定はパツパツでありながら、いつも自由を感じています。

こんなことを言うと「自慢か?」と怒られそうですが、そういうことを言いたいわけではありません。会社員であっても、結果を残す人は、きっとみんな同じ感覚だということが言いたいわけです。

**起業したから自由なのではありません。未来に責任をとってきたから自由なのです。**

第1章で述べたように、「自由と責任はワンセット」です。

会社でも、主任↓課長↓部長と役職が上がるほど、裁量は大きくなりますが、そのぶん多くの部下の仕事の責任や、予算の責任をとることになります。

子は親の教育という名の縄張りで生きているため、自由はありません。その代わり、子どもが犯罪をしても捕まることはなく、親の責任になります。

男は「**君のことを一生幸せにする。責任とるよ**」と言って結婚します。そして、不自由になります。結婚だけは、不自由と責任がワンセットという説もあります（笑）。

私も事業の立ち上げに、相当な労力と時間と情熱をつぎ込んできました。

理想の未来に向けて、1日も無駄にせず、真剣勝負で責任をとってきました。

いまも毎月の売上・利益に責任をとっているので、従業員や事業仲間と向き合ったり、改善したり、喜び合ったり、お互いの成長と達成のためにやり合っています。

その結果、どんどん売上が伸びて、自由になっています。

何もチャレンジしない、何もドキドキしない、何もストレスを感じない。そこには何も責任は発生しません。でもその結果つくり出されるライフスタイルは不自由すぎて、私には耐えられません。

夢がない人は、夢がある人の計画の一部になります。
ビジョンがない人は、ビジョンがある人の計画の一部になります。
**何も考えずに、指図されるがまま、人に仕えてやる仕事を「仕事」と言います。**
**自分で生み出し、がんばると自分が豊かになる仕事を「私事」と言います。**
**ビジョンを描き、仲間とともに勝っていける仕事を「志事」と言います。**
あなたの仕事は「志事」になっていますか？

自分で決める方法
31

## 「仕事」ではなく「志事」をしよう

# 自分の管理下にないことで、一喜一憂しない

「自分が源」を生きる人は、管理下にあることに集中します。

「お客さまが忙しいから、商談が前に進みません」

「あの部署が動いてくれないから、プロジェクトが止まっています」

「今日は雨だから、売上が下がりました」

こんな会話をしたことはありませんか？

これらは、管理下にないことに一喜一憂している、成果をつくりにくい人がする会話です。こんなことで一喜一憂する人や悩む人は、成功しにくいです。

むしろ、そのような人は、管理下にあることと、ないことが分けられていないのかもしれません。

「お客さまが忙しいから、商談が前に進みません」に対し、自分で決めて、成果をつくる人の会話はこうです。

「忙しい理由は何だろう。そこにヒントがあるかもしれない」

「ほかに意思決定できる人はいないだろうか」

「忙しいから、選択肢を3つに絞って意思決定しやすいように提案しよう」

起きている事象自体に愚痴や文句を言っても、何も前進しません。

**それよりは、「いま私には何ができるだろう」と、管理下にあることに集中することが、仕事のスピード・決めるスピードを速めるわけです。**

他人や環境のせいにしそうになったら、「で？　だから？　どうする？」と唱えましょう。これは、自分を前進させるための魔法の言葉です。

気分や感情で仕事していては、いつまでもアマチュアレベルです。もっとも気分が上がったときに決めたことを、もっとも気分が下がってもやる人がプロなのです。

しかし、感情には順番があります。

たとえば雨の日。雨が降っていることを確認した瞬間は、「げっ！　雨だ。がっかり」と思ってしまいます。

**これは「一次感情」と言って、人間が本来持っている「本能的な言動」です。これは止めようがありません。**

男性なら共感できると思いますが、どんなに素敵な女性を連れて歩いていても、目の前からとんでもなくナイスバディで露出が多いお姉さんが歩いて来たら、必ず見てしまいます。それは仕方ありません、本能がそうしているからです。

**しかし人間は「理性で行動」することができます。これは「二次感情」と言います。**

このままお姉さんを目で追っていたら一緒に歩いている女性に怒られてしまう、と理性が働くのです。その結果、見て見ぬ振り、「俺は興味ない」というような素振りの行動に切り替えるのです。

**大事なのは、雨を確認して、一次感情で「げっ！」と思っても、二次感情で「では、何ができるだろう」と切り替えることです。**

「雨のなか、わざわざ来ていただいたお客さまに感謝を込めて、雨の日割引をやろう」など、成果に効果的な考え方ができるようになるのです。

自分で決める人は、二次感情にすぐさま切り替え、管理下にあることに集中するのです。

自分で決める方法 32

## 一次感情に振り回されず、理性で考える

# 「あとで頼もう」ではなく、即決断

人づき合いや商談・交渉ごとなど、うまくいく人といかない人の差は何でしょう。

これはじつは、能力の問題だけではありません。

うまくいかない人は、自分のダメな点にフォーカスして、**「自分は〇〇だから、うまくいきそうにない」**と考えてしまいます。一方、うまくいく人は、自分の強みにフォーカスして、**「自分は〇〇だから、うまくいく」**と考えます。

これは両方、正解です。ただ、どちらの点にフォーカスしているかで、うまくいくか、いかないか決まってしまいます。

完璧な人間などいないわけですから、自分の不得意な点は補完してもらったり、力を借りたりして、強みを前面に出していけばいいのです。

強みを前面に出して物事を前に進めようとするなかで、自分の弱みにも向き合うことになります。逆に弱みにフォーカスしていると、一歩が踏み出せず、いつまでも弱みを克服できません。

**つまり、強みを前面に出すからこそ、あなたのレベルがアップするのです。**

私は、「勧められたものをすぐに試す」ことを強みにしています。

ある成功者と一緒にセミナーを受けたときに、講師が、ある本を紹介していました。

そのとき私はメモをして、あとで発注しようと思っていました。ところが、その成功者は、その瞬間すでにAmazonの購入ボタンを押していたのです。

この差が成功のスピードの差であると痛感しました。

それ以来、私は、勧められたものはすぐに試すように変えてきました。

本を勧めていただけば即発注。感想文なども送らせていただいたり、人と話していて知らないことがあったらすぐに調べて、次お会いするまでに話せるように勉強・体験してきたりしました。

そうすることで、人と会うたびに知識が増え、体験が増え、趣味が増え、ネタが増えるのです。話の引き出しの多さは、こうやって人に会うこと、そして勧められたものをすぐに試すことで増えていくのです。

**このスパイラルに入ると、自分自身の話や知識の幅が広がり、どんどん友人が増え、人脈が増え、人生の主導権が握れるようになります。**

逆に、勧められても断ってばかりでやらない人は、「あの人はどうせお勧めしてもやらないから」というレッテルが貼られ、誰からも何もお勧めされなくなり、どんどん人間的な幅が狭まり、自分の人生を生きられなくなります。

もちろん、信頼できる方からのお勧めだからやってみよう、自分の感情や直感にしたがって決めよう、というのはありますす。しかし、勧められたものをすぐに試す人と試さない人では、どちらが応援されやすく、成功しやすいでしょうか。

ぜひ、あなた自身の強みも前面に出して、自分を売り込んでいきましょう。

自分で決める方法
33

## あなたの強みは何か。それを前面に出していこう

# 全体の利をとれ

先日、前職のＮＥＣの尊敬する先輩と食事をしたときに、

「〇〇で名刺交換した方に会いに、休日に新幹線で広島まで行ったら、大きな商談につながりそうな話があったんだ。だから、すぐにうちの関連事業部の知り合いにつないだよ」

と話していました。

自分の営業成績には関係ないのに、ＮＥＣ全体のために、わざわざ休日を使って、自費で東京から広島まで行ったのです。その先輩はＮＥＣのなかでも超出世コースで、間違いなく近い将来、重職まで就くと言われている方です。

プロ野球のヒーローインタビューでも、「自分が打てたことよりも、チームが勝てたことが嬉しい」とよく聞くことがあります。

稲盛和夫さんは、電気通信の自由化と同時に、「長距離電話料金が安くなれば、必ず国民のためとなる」と決心し、ＫＤＤＩを立ち上げ、当時ＮＴＴ独占だった業界に参入し、偉業を成し遂げました。

また、2010年1月に、戦後最大の負債を抱え事実上倒産したJALを、わずか2年8ヵ月で再上場させました。

その決心に至った理由も、「ANA一極化を阻止することで、競争環境を維持して、国民の利便性を確保するため」と話していたそうです。

稲盛和夫さんは、常に「動機善なりや、私心なかりしか」と唱え、自分の利のためでなく、国民のために必要なことをやってきました。

その結果、誰もが尊敬する日本を代表する経営者になったのです。

**成果をつくる人には共通点があります。どこまでを自分の仕事だと思うのか、その見ている範囲が広く、全体の利をとっているのです。**

あなたの属している国、地域、業界、会社がよくなることと、あなたの仕事がよくなることは必ず連動しています。自分の仕事の領域以外のことに力を使うのは、その瞬間には無駄で効率が悪いことのように思うかもしれません。しかし、全体に与えている人は、必ず自分に何倍にもなって返ってくるのです。

「give & take」という言葉がありますが、これは「与えたから、代わりにもらう」というように見返りを求める考え方とも言えます。「take」とは「奪う」とも訳すことができるからです。それよりは、**「give & given = 与えよ、さらば与えられん」**の考え方が、本質的だと私は思います。

与えていれば、自然と返ってくるもの。むしろそれくらい大きな心と余裕があるから、周囲からも尊敬されると思うのです。

あなたがどこまでを自分の仕事として、熱心に取り組むのかで、あなたの人生は変わります。全体の利をとる人でありましょう。

自分で決める方法
34

## どこまでが自分の仕事か？　見る範囲を広げよう

現状不満は
終わり。
決められる
あなたへ

# *Last Chapter*

*"All our dreams can come true, if we have courage to pursue them."*

私たちにその夢を追う勇気があれば、
すべての夢は実現する。

――ウォルト・ディズニー（アメリカ・映画監督／１９０１～１９６６）

どこに向かって走っていますか？

車のナビは、目的地が明確であれば、工事中でも通行止めでも必ず迂回ルートを探してゴールにたどり着こうとします。

会社員時代、リーマンショックという通行止めを経験して、獲得したかった案件が延期になったり、希望の部署に行けなくなったり、営業成績を上げているのに給料が下がったり、目の前の道（目標）が急に消えて、奪われた感覚を味わいました。

**「迂回ルートはありません（目的地が明確ではありません）」**という状態だったのです。

私は仕事を一生懸命がんばっていました。残業は当たり前、タクシー帰りの日なんかもあり、とにかく目の前の仕事に必死でした。

しかし、タクシーで帰っている最中に、ふと**「何で、こんなにがんばっているのだろう？」**と思う瞬間もありました。

獲得したい案件もある、営業成績の目標もある、将来行きたい部署もある、何歳で課長になるのかという出世欲もある……会社での目標は明確でした。

しかし、そのことと、自分の人生で実現したいことがうまくリンクしておらず、漠然としていたのです。
**「人は、考えることから逃避するために働く」**と教えてもらったことがあります。まさに、この言葉が、痛いくらいドンピシャリな状態でした。

そんななか、２００８年のリーマンショックをきっかけに、会社での目標は明確でも、人生の目的・目標は不明確だったことに気づきました。

別に、当時の働き方に不満があったわけではありません。一流企業に入って、毎日充実していて、これで十分ではないかと自分を納得させることもできました。

しかし同時に、もっとよくなってもいいのではないか、という気持ちもあったのです。

**「後悔はしたくない」という気持ちに正直に、求めることから始めました。**

「願望は知識」という言葉にもあるように、読書に励みました。

会社の外でも人脈もつくり、視野を広げました。

そのなかでいまのメンターと出会い、起業の準備を開始しました。

そして、メンターの勧めで受講した研修がきっかけで、ゴールが明確になりました。研修の体験を通して気づき、それが私の人生を築くことになったのです。

私は、自らの達成をもって、目の前の人に可能性を与えていこうと決めました。

その生き方にリンクするのが、たまたま起業だったわけです。

自分のなかで最大限であるかどうかにこだわり、目標の売上、収入、事業規模をより具体的に設定しました。


**自分で決めた目標を持つと、いままでとはまったく違い、会社員時代に帰りのタクシーで覚えたような無力感はなくなり、ゴールに向かって邁進している自分がいました。**


あなたにとって、何がきっかけになるかはわかりません。間違いなく言えることは、求めているもの（ゴール）を明確にすることから、すべては始まります。

あなたはこれから、どこに向かって走りますか？

自分で
決める方法
35

## ゴールは「自分のなかで最大限であるか」で決める

# 「世界征服」が目的なのに、幼稚園のバスを襲うショッカー

ゴールを明確に決めたら、そのゴールに対して効果的な努力をしているか、そこに正直になる必要があります。

草野球で活躍したいなら、毎日素振り１００本でいいかもしれません。しかし、プロを目指すなら、それが１０００本になるかもしれません。

沖縄に行くなら、効果的な乗り物は飛行機かもしれませんが、近所のコンビニに行くのに飛行機は必要ありません。その場合は、自転車が効果的です。

「仮面ライダー」に出てくるショッカーをご存じでしょうか？

彼らの目的は、世界征服です。

しかし、彼らはいつも幼稚園のバスを襲っています。

**このショッカーの例がわかりやすいように、人はどうしても「やりやすいことをやってしまう」傾向があります。**

私自身、起業の準備をするときを振り返ってもそうです。

自己投資をしていくためにテレビを売りました。ジムを解約しました。しかし、それよりも固定費がかかっていたのは家賃だということに、自分では気づいていました。

でも一人でゆっくりくつろぐスペースが欲しい。メンターの近くに引っ越したほうが成果に効果的なことはわかっていても、当時住んでいた三軒茶屋という場所が好きで、こだわりがあったのです。

優先順位を変えるために草野球チームを脱退しました。スノーボードの旅行に行くのも止めました。しかし、会社の仕事は好きだったので、残業を減らすことや、そもそも部署の異動を希望することは、あと回しにしていました。

やりやすいことだけやって、やった気になっていたのです。

人は変えやすいところから変えていきます。

そして、変えたくない、都合の悪いところが最後まで残ります。

「即断即決」という言葉があるように、じつは、断つことが先です。

**私にとって、住まいを変え、異動を希望するという、もっともこだわっていたものを断つと決めた瞬間、爆発的に成果が出るようになりました。**

そして、辞めていた草野球チームも、いまでは東京ドームや横浜スタジアムを貸し切ってできる規模になりました。

スノーボードも、いまではサーフィンに変わりましたが、千葉、宮崎、バリ、ハワイで自由にやっています。

そして、住まいも東京タワーの見えるマンションに住めるようになりました。

**優先順位を変えることは、いまやっていることを捨てるわけではありません。より何倍にもなって返ってくるようにするために、いったん横に置くのです。**

未来はいまの選択により、つくられます。

いま何をやらないことが効果的なのか？

逆に、いま何をやることが効果的なのか？

そこに向き合うことが、あなたの成果のスピードを速めるのです。

自分で決める方法
36

## 目指すものに対して、いまやっていることは効果的かを考える

# 判断基準は「事情や過去」ではなく「可能性」にする

成功者には、共通している特性があります。

**それは、「confidencial risktaker（確信を持ってリスクをとる人）」という特性です。**

私は、昔から少なからず成功願望はありました。しかし、何かを選択する際に「可能性」から選ぶのではなく、「事情や過去」から選ぶことがほとんどでした。

私は、会社員の父親と、パートタイムで働く母親の教育を受けて育ってきました。

テストの点数がいいと褒められ、悪いと怒られました。

いつも内申点を意識して、先生やまわりの評価を気にして生きてきました。

小学生のうちは、足が速かったり、ドッジボールがうまかったら人気者でしたが、中学生からは頭がいい人がすごいという風潮がありました。高校・大学の進学先、そして就職先で、その人の価値は決まり、人生は決まると、信じてがんばってきました。

長男ということもあり、弟の手本となるように、親の意向に沿うように生きてきました。

ＮＥＣから内定をもらったときも、父親は会社の人に「息子がＮＥＣに受かった」と喜んで話していたそうです。

そんな、まわりの評価を気にしてばかりの私が、初めて親を泣かせたのはＮＥＣを辞めたときでした。

事前に親には、週末を使って起業の準備をするとだけ伝えていたのですが、その1年後の26歳のときに、私は親に相談することなく、勝手にNECを退職していたのです。

退職の手続き関係で、NECから電話がかかってきていたものの、当時私は忙しくしていてまったく電話に出なかったので、その電話が実家の母親にかかってきて、そこで母親は退職のことを初めて知らされました。母親は心臓が止まるくらいびっくりし、すぐに泣きながら私のもとへ連絡をしてきました。

**「自分がしていることがわかっているの？　そんなバカなことをする息子だとは思わなかった。まわりに何て説明すればいいの……」**

散々言われ続けました。しかし、1年の起業準備を経て、この選択（リスク）の確信に満ちていた私は、母親からの話に多少動揺しながらも、最後にこう言いました。

**「お母さんは、NECの僕じゃないと信用できないの？」**

その瞬間、母親は一瞬黙り込み、何かにハッとしている空気が電話越しからも感じとれたので、私は続けて話しました。

「僕はこれまでも、少年野球に入りたいと言って途中で辞めることなく高校まで10年間野球を続けてきた。行きたい高校や大学に行くために、部活が忙しくても塾に行き、勉強して進学した。NECに入るために就活をがんばってきたし、NECでも努力して賞をとってきた。だからこれからも同じ。起業する僕だって絶対に成功するまでやるよ。なんでNECの僕じゃないと、まわりに誇れないの？ これからの僕を信じて欲しい」

それからは心配することはあっても、私のことを止める母親の姿はありませんでした。

その半年後、私は仕事で高級外車に乗るようになっていたので、わざわざ東京から地元の福岡まで、その車で帰省しました。母親は靴を脱いで車に乗って大騒ぎしていました。車が大好きだった父親も、わかりづらい表情をしていましたが、東京に戻る前日に、車をピカピカに洗車してくれました。少しは両親を安心させられた瞬間でした。

**求めているものに冒険はつきものです。**事情からではなく可能性から選びましょう。

自分で決める方法 37

## 確信を持って、可能性から選択していく

# 不安のブレーキを外せば、自分で決められる

NECを辞めたあとは、ひたすらほぼ24時間、事業の立ち上げに没頭しました。メンターから「**寝るときは、気絶するとき**」と教わっていましたが、まさにそのような毎日で、いま振り返ってもほとんど記憶がありません。

世の中は、嵐とAKB48でオリコンランキングベスト10を総ナメする時代でしたが、私は一曲もついていけませんでした。私が好きだった音楽・ファッション・映画・グルメ、すべてがストップされ、立ち上げのみに偏った期間を5年間過ごしました。

この30歳までの5年間は、ひと言で表すと、失敗の時期だったと言えます。

いままでの友人は、「**付き合いが悪くなった**」「**急に変わった**」と、離れていく人が出てくるようになりました。

リーダーシップがわからず、スタッフが途中で辞めていきました。

キャッシュの管理もうまくできず、食事はスーパーで買った980円の鶏肉と、醤油とバターだけで味つけしたパスタ麺だけで1ヵ月過ごすという生活が続きました。電気やガス代を支払えず、水だけで生活していたときもありました。

**人が離れる大抵の理由は、どこかで人のせいにしていたからです。**

「For you」「自分が源」が大事と学んでいても、いつも焦っていて、お金がなくて、イライラしていると、キャパオーバーになり、学んでいることが実践できないものです。

しかし、キャパオーバーのときでも、社長であることには変わりないし、自分が看板であることには変わりないので、人前では弱みを見せないように振る舞ってきました。

私はここで、ポジティブに考えたり、自分を前進させるようなメンタル管理を覚えたと思います。**もともとポジティブだったわけではなく、ポジティブにならざるを得ない状況になったから、ポジティブになったのです。**

では、なぜこのような状況でも続けることができたのか？

それは、このような状況でもついてきてくれる仲間がいたからです。この苦しい時期についてきてくれた仲間、一緒に乗り越えた仲間が、お金では買えない一生の財産です。

起業という道を歩けば歩くほど、人が離れ、資金調達に苦しみ、嫌な思いもたくさんしましたが、後ろを振り返ると、一緒に目指す仲間がいい顔をしてたくさんついてきている。そんな姿を見ると、また前を向いて目指そうとなるのです。

**私の経験から言えることは、失敗が怖くなくなるくらい失敗すること、失敗しても堂々**

**としていることが大事だと思っています。**

ゴキブリとカブトムシは、じつはよく見ると見た目がとても似ています。

ゴキブリを見るとみな悲鳴を上げ、拒絶します。しかしカブトムシの場合は、むしろ「うわ、かっこいい」となるのです。この違いは何でしょうか。

**ゴキブリはコソコソしているから拒絶され、カブトムシは堂々としているからかっこいいと言われるだけの違いです。あなたはゴキブリとカブトムシ、どちらになりたいですか？**

当時、拒絶された友人も、いまではほとんどの関係は修復しています。

時間が経ったり再会したりすると、仲は戻るものだし、大抵の友人は、当時私を拒んだことは覚えていませんでした。本当に人は都合がいいものです。

何も気にしなくていいのです。不安のブレーキを外し、たくさん失敗することで、自分の人生に主導権を握れるようになるのですから。

自分で決める方法 38

## 失敗が怖くなくなるくらい、たくさん失敗する

# 私が毎朝、公衆電話ボックスで叫んでいた理由

話を本書の冒頭に戻します。

自分で決めることができず、「わかりました。上の者と相談します……」と言ってしまうあなたに対して、ここまで変わるためのポイントを書いてきました。

しかし、なるほどとすぐ実践できるものもあれば、そうは言ってもなかなかできないと思ってしまうものもあるかもしれません。

そういうときは、まずこのことを意識してみてください。

**それは「小さな成功体験を積み重ねる」ということです。**

私は、人前で話すのが苦手です。それはいまでも変わりません。

スピーチがうまくなりたいと思った私は、ある先輩経営者から教わったアドバイスを真似して、メンターに毎日電話で報連相させてもらうことにしました。

**毎日、夜24時～朝9時までの間に、メンターの留守番電話サービスに、1分間で、その日活動したことを吹き込むのです。毎日です。1分でも遅れてはダメです。**

どうせやるなら大きな声でハキハキと、ポジティブな内容で与えていこうと思いました。

この電話報連相を聞いたらフォローしたくなる、応援したくなるようなものにしようと、毎日全力で取り組みました。当時はダブルワーク中だったので、出勤途中にあった公衆電話ボックスで叫ぶことが習慣でした。公衆電話ボックスに入っているのに受話器を持たず、携帯を持って叫んでいる変なヤツです。

ところが毎日続けているなかで、気づいたのです。電話報連相をすることは、スピーチがうまくなるだけではなく、同時に次のような効果を発揮しているのではないかと。

**① スピーチがうまくなる**

**② 適切なフォローがもらえる**

**③ プラスの信念を蓄えることができる**

スピーチのために始めたのに、②と③という重要な付加価値がともなっていたのです。

たとえば、②に関しては、毎日、体の症状を診てもらっている患者さんと、1年に1回しか症状を診てもらわない患者さんがいたときに、医者はどちらの患者さんに適切な処方ができると思いますか？　言わずともわかると思います。ちなみに③に関しては、次の項で詳しくお話しします。

電話報連相を続けて数ヵ月経ったころ、講演会中にメンターが「権藤の電話報連相がめちゃくちゃいい。いつも全力で、聞いていると涙が出てくる。権藤は絶対にうまくいく」と言ってくださいました。そのとき、私はまだ事業収入はゼロの状態でした。

当時26歳、東京に出てきて4年目、起業の経験もなければ、ＭＢＡも経営学も何も学んだことのない私は、「あなたは成功できますか？」と聞かれて「はい」とは即答できませんでした。しかし、「あなたは毎日電話報連相できますか？」と聞かれたら、それに対しては「はい」と答えることができると思いませんか？

**小さなことからでいいのです。ウソのような本当の話ですが、私の事業がうまくいった理由は、電話報連相を毎日続けたからです。**

あなたも、まずは小さな成功体験を積み重ねることから始めてみてください。

その先に「上の者と相談します……」ではなく、「わかりました、その企画やりましょう。上には私から話を通しておきます」と言えるあなたが、つくられるのです。

自分で決める方法
39

## 決められる自分になるために、いますぐできることを習慣にする

# プラスの信念を蓄えると、決められる自分になる

電話報連相を始めてから私は、ずっと「今日もできた」「今日もできた」「今日も私は決めたことを達成した」と、毎日自分に〝達成している人〟というレッテルを貼っていたことになります。

たとえば、「明日、太陽は昇りますか?」という質問に対して、誰もが「絶対に昇ります」と断言するでしょう。

その理由は、生まれてこのかた太陽が昇らなかった日を見たことがないからです。

明日も太陽が昇るということには、100万円でも命でも、賭けられるでしょう。

では「あなたは、明日、電話報連相しますか?」という質問に対してはどうでしょう?

私は、電話報連相を2ヵ月間、毎日やり続けたあたりから、このことに関しても「当然、やります」と断言できるようになりました。

**電話報連相が習慣になったからです。**

では、「あなたは成功できますか?」という質問に対してはどうでしょう?

私は、起業して1年経ったあたりからは、この質問に対しても、「もちろん、成功できます」と断言できるようになっていました。

もちろん、その根拠として、電話報連相だけやっていたわけではありません。

電話報連相以外にも、事業に必要な勉強会や研修も、毎週どんな予定よりも優先度を上げて、学び続けました。

メンターから教わったビジネスの基礎トレーニングは一言一句、自分で同じように話せるようにトレーニングしました。

集客のもととなるチームビルディングにも、毎日明け暮れました。

成功している人と一緒にいるようにしました。

勉強会や読書、健康や見た目に自己投資しました。

これらのことに対しても、電話報連相同様、毎日・毎週・毎月欠かさずやり続けたことで、達成し続けたのです。

**これが「プラスの信念を蓄える」ということです。**

これら一つひとつを見ると、誰でもできることであり、決して難しいことではありません。しかし、この〝誰でもできることを、誰もがやらないくらいやる人〟は少ないのです。

毎日、小さな成功体験を積み重ねて、今日も達成、明日も達成、毎日達成となっているとき、「あなたは成功しますか?」と聞かれると、「もちろん成功できます」となるのです。

**これだけ決めたことを毎日達成し、プラスの信念を蓄え、そのうえこれまで書いてきたような障害も乗り越えていたので、「成功できます」というより、むしろ「成功しないはずがない」「成功しなければならない」といった状態にまでなっていました。**

決めたことを達成し続けることで得られる自己の確信と拡張こそ、決める生き方にとっても大切なのです。

自分で決める方法 40

## プラスの信念を蓄えて、自己の確信を拡張させる

# 人生は「ペイ・フォワード」だと気づこう

いま私には、一緒に豊かになりたいビジネスパートナーやスタッフがたくさんいます。とても幸せなことです。

では彼らは、なぜ私のもとに集まってきてくれたのか？　それは前に述べたように、私が**「決めたことを達成し続けてきた」**からだと思います。

「ペイ・フォワード」という言葉を知っているでしょうか？

映画にもなり有名な言葉ですが、簡単に説明すると、このようなことです。

- **AがBに与える。**
- **BはAに恩返しをするのではなく、新たにCに与える。**
- **Cは、AやBに恩を感じながらも、次の世代へより多くのことを伝えていく。**

私は人とのご縁を大切にして、さまざまな事業を立ち上げてきました。まさしく出会いは宝だと思います。マザーテレサも感銘を受けたという『逆説の10ヵ条』にもあるように、人助けを必要としている人に実際に助けの手を差し伸べると、逆に攻撃されたこともあります。

それでも、その嫌な経験の数より、蓄えた人脈・仲間の数を見てみると、いい経験の数のほうがはるかに多いです。

私も一人では何もできず、メンターをはじめとするたくさんの人に助けてもらい、ここまできました。恩を感じていますが、そのようなレベルの方はほとんどの場合、自分で自分のことを満たしているので、もう本人に恩を返す必要はありません。

そして、やはり私もメンターに「**恩は返さなくていいから、次の変わりたい人、もっとよくなっていきたいという人に、送ってあげてください**」と言われてきました。

まさに、人生はペイ・フォワードです。

私は、会社員から起業したこの10年間の経験を通して、これからの時代、自分で決めて生きていきたいと思っているあなたに対して、何かしらの気づきやヒントがあればいいと思い、出版を決意しました。

私は、自らの達成をもって目の前の人に可能性を与えていきます。もちろん、まだ10年しか経験していないですし、いまでも未熟な点ばかりです。

しかし、もし孫正義さんや柳井正さんやホリエモンにできなくて、私にできることがあるとすれば、**「人は未経験で土台がなくても、毎日決めたことを達成していくことで、成功者として高い自己概念を形成していくことができる」**ことを証明することです。

私のやってきたことは、再現性があります。

普通の人でも真似できるやり方で、ここまできたことが誇りです。それもあってか、いまでは20代30代を中心に多くの仲間が私のもとに集まってきます。

これからも私はたくさん経験を積み、たくさんの方に可能性にチャレンジしていく楽しさを伝えていきます。そして、本書を選んでくださったあなたも、私が可能性を伝えたかった一人です。

さあ、この瞬間からあなたも、自分で決める生き方を選択していきましょう。

自分で決める方法 41

## 受けた恩は、次の人へつないでいく

# 過去を活かし、学ぶことで、自分で決める人間になれ

ＡＩが唯一できないこと、それが「未知のことへの判断」と第1章で述べました。

いま、意思決定をする仕事が、非常に重要な時代となってきています。

先見性、論理、直感、社内政治、運、その場の空気など、あらゆる要素が凝縮され、意思決定はなされます。これらをＡＩが管理していくことは難しいのです。

**そうなってくると、調整ばかりしている人や、誰かに決めてもらおうと思っている人は、存在する価値がなくなってしまいます。**

もちろん私も、以前は「自分で意思決定する生き方」は、すごくハードルが高いことだと感じていました。

しかし、述べてきたように、目的・目標を明確に定め、そのために毎日決めた自分との

約束を守っていくなかで、「この自分を裏切ってはいけない」「これだけやっている自分は成功しなければならない」と思うほど、高い自己概念が形成されていきました。

**世間軸ではなく自分軸で、上司軸ではなく自分軸で、親や彼氏・彼女軸ではなく自分軸で、生きましょう。**

いまはよくも悪くも「いい子」が多いように感じます。周囲に遠慮をしすぎて、いい意味での〝野蛮さ〟が足りないのではないでしょうか。

別に、上司や同僚に嫌われてもいい。

別に、世間で痛烈に批判されてもいい。

別に、こっぴどい失敗をしてもいい。

何もしないより100倍マシなのですから。

大事なことは、失敗してもそこからはい上がり、しつこく挑戦する生き方です。

**過去は、反省したり自信をなくすためにあるのではなく、これからの人生に活かすためにあるのです。**過去を活かし、学びましょう。

今回、私のさまざまな体験を聞き、「権藤さんの〝自分で意思決定する生き方〟を伝えていきましょう」と背中を押してくれ、出版のチャンスをくださった、きずな出版の小寺裕樹編集長、そして岡崎かつひろ先生、本当にありがとうございます。

また、普段よりお世話になっている、大尊敬するメンターや兄弟弟子の皆さま、本当にありがとうございます。

そして何より、この本を手にとり、最後まで読んでくださったあなたへ。本当にありがとうございました。

「上の者と相談します……」は、もう終わり。

自分で主導権を握る人生は、今日からがスタートです。

権藤優希

【主な参考文献】


『生き方』稲盛和夫・著(サンマーク出版)
『超一流の雑談力』安田正・著(文響社)
『思考は現実化する』ナポレオン・ヒル・著(きこ書房)
『セールストークの「超」基本!70』松田友一・著(すばる舎)
『日本3・0　2020年の人生戦略』佐々木紀彦・著(幻冬舎)
『感動の条件』永松茂久・著(KKロングセラーズ)
『本音で生きる』堀江貴文・著(SBクリエイティブ)
『ビジネス・フォー・パンクス』ジェームズ・ワット・著(日経BP社)
『上司から部下へ、親から子へ　語り継ぎたい世界の名言100』ハイブロー武蔵/ペマ・ギャルポ・著(総合法令出版)
『LIFE STYLE DESIGN』小澤良介・著(きずな出版)
『自分を安売りするのは〝いますぐ〟やめなさい。』岡崎かつひろ・著(きずな出版)

著者プロフィール

## 権藤優希（ごんどう・ゆうき）

株式会社シーマネジメント代表取締役。東京都内でオーガニックショップ、レンタルスペースの運営、人材派遣事業、講演会・ビジネストレーニング事業などを多岐にわたって展開する。福岡県久留米市生まれ。大学卒業後、日本電気株式会社（NEC）に入社。新人最速で大型案件を受注し、注目を集める。NECにおいてさまざまな賞を獲得した後、4年目に独立。起業後はNEC時代のノウハウを活かし、営業の事業において、半年間で業界内世界第2位の記録をつくる。自身の経験をもとにおこなわれる講演会は大人気で、20〜30代の若者を中心に、300人規模の講演会を月に4〜5回開催している。最近では、自身が手掛けるオンラインサロンも注目を浴びている起業家。

本書が著者としてデビュー作となる。

自分で決める。
―すべてがうまくいく最強の力

2018年11月1日　第1刷発行
2021年6月1日　第5刷発行

著　者　　権藤優希

発行者　　櫻井秀勲
発行所　　きずな出版
東京都新宿区白銀町1-13　〒162-0816
電話03-3260-0391　振替00160-2-633551
http://www.kizuna-pub.jp/

ブックデザイン　池上幸一
印刷・製本　モリモト印刷


ISBN978-4-86663-052-6

きずな出版

今すぐ手に入る！

# 『自分で決める。』
# 読者限定無料プレゼント

動画＋PDF

**Chapter 0 『“ 自分で決める ” 人の**
**すべてがうまくいく本の読み方・活かし方』**
**＋未公開原稿『結果を加速する３つの方法』**

本書での学びを最大限に高めるため
**「本で結果を出せる人と出せない人の違い」**
**「自分で決めて結果を出す人の読書術」**
**「本書で結果を出すためのステップ」**
を著者自らが語った
秘密の動画講義 **“Chapter 0”**。

そして、ある事情から本編では公開されなかった
**『結果を加速する３つの方法』**
を明かした未公開原稿。

この本書の効果を倍増する２つのプレゼントを
読者限定でプレゼントいたします！

ぜひ手に入れて、最大限の学びと結果を得てくださいね。

**無料プレゼントは**
**こちらにアクセスして入手してください！**

http://www.kizuna-pub.jp/jibundekimeru_gift/

※動画ファイル及びPDFはWEB上で公開するものであり、CD/DVD/冊子をお送りするものではございません。あらかじめご了承ください。